大众法律文化研究

吕明/著

安徽大学出版社

图书在版编目(CIP)数据

大众法律文化研究/吕明著.—合肥:安徽大学出版社,2018.2
(博学文库)
ISBN 978-7-5664-1538-7

Ⅰ.①大… Ⅱ.①吕… Ⅲ.①法律－文化研究－中国
Ⅳ.①D909.2

中国版本图书馆 CIP 数据核字(2018))第 014369 号

  安徽省高校优秀拔尖人才资助项目高校青年人才支持计划"大众法律文化兴起与社会主义法治实践相关问题研究"最终研究成果。
  安徽省高等教育振兴计划高校思想政治教育综合改革计划项目"吕明名师工作室"(项目编号:szzgjh1-1-2017-15)阶段性研究成果。

大众法律文化研究
dazhong falü wenhua yanjiu

吕 明 著

出版发行:	北京师范大学出版集团
	安 徽 大 学 出 版 社
	(安徽省合肥市肥西路 3 号 邮编 230039)
	www.bnupg.com.cn
	www.ahupress.com.cn
印　刷:	安徽省人民印刷有限公司
经　销:	全国新华书店
开　本:	152mm×228mm
印　张:	14.5
字　数:	139 千字
版　次:	2018 年 2 月第 1 版
印　次:	2018 年 2 月第 1 次印刷
定　价:	49.00 元

ISBN 978-7-5664-1538-7

策划编辑:张　锐		装帧设计:李　军	
责任编辑:张　锐　章亮亮		美术编辑:李　军	
责任印制:陈　如			

版权所有　侵权必究

反盗版、侵权举报电话:0551-65106311
外埠邮购电话:0551-65107716
本书如有印装质量问题,请与印制管理部联系调换。
印制管理部电话:0551-65106311

目 录

序 言 ·· 1
 一、研究的现状与述评 ·································· 2
 二、研究思路与内容提要 ································ 7

第一章　从大众文化到大众法律文化 ······················ 1
 一、什么是大众文化 ···································· 1
 二、大众文化与法律的"联姻":呈现在大众文化中的法律
　　题材 ··· 9
 三、为什么是大众法律文化:作为大众文化组成部分的
　　大众法律文化 ···································· 16

第二章　法律文化结构中的大众法律文化 ················ 27
 一、大众法律文化与传统法律文化 ···················· 29

二、大众法律文化与现代法律文化 …………………… 34
三、大众法律文化与西方法律文化 …………………… 38
四、大众法律文化与精英法律文化 …………………… 42
五、大众法律文化与主导法律文化 …………………… 46
六、大众法律文化与民间法律文化 …………………… 50

第三章　大众法律文化在当下中国的兴起 …………… 55

一、大众法律文化在当下中国兴起的原因 …………… 56
二、当下中国大众法律文化的基本特征 ……………… 66
三、如何面对大众法律文化：对大众法律文化在当下中国
　　兴起的基本态度 …………………………………… 78

第四章　大众法律文化兴起与立法 …………………… 82

一、法律文化与立法 …………………………………… 83
二、大众法律文化兴起对立法的积极影响 …………… 90
三、正确对待大众法律文化兴起所产生的负面影响 …… 98

第五章　大众法律文化兴起与司法 …………………… 106

一、司法与文化 ………………………………………… 106
二、大众法律文化兴起对当下中国司法实践的特殊影响 … 115
三、以大众法律文化兴起为背景的司法改革路径审视 …… 122

第六章　大众法律文化兴起与法治教育 ……………… 132

一、法治教育检讨及法律文化的意义 ………………… 134
二、大众法律文化兴起对当下中国法治教育所造成的影响
　　……………………………………………………… 141
三、如何面对：未来中国的社会主义法治教育 ………… 148

第七章　中国未来的大众法律文化建设 ……………… 159
　一、中国的法治发展及对大众法律文化建设的要求 …… 159
　二、文化自信及其视域下的大众法律文化建设 ………… 167
　三、当下中国大众法律文化建设现状评析 ……………… 173
　四、未来大众法律文化建设策略 ………………………… 181

参考文献 ……………………………………………………… 197

后　　记 ……………………………………………………… 213

序　言

改革开放以来，特别是20世纪80年代以后，大众文化逐渐成为当代中国引人注目的文化现象，"在经济发达地区，尤其是在城市里，大众文化相当程度上已成为人们文化生活的主要消费内容"[①]。

稍作观察即可发现，从大众文化在当下中国兴起的第一天起，法律题材的大众文化作品就占据了显著位置，出现了所谓"法律小说""法律影视剧"，甚至一些流行歌曲也涉及法律内容。具体来说，仅1980年一年就摄制了《法庭内外》《检察官》《第十个弹孔》三部法律电影，而1982年摄制的《见习律师》，1983年摄制的《被控告的人》，1985年摄制的《少年犯》也都属于法律电影的范畴。与此

[①] 傅泽：《文化想像与人文批评》，中国传媒大学出版社2007年版，第153页。

同时,作为一种特定题材的流行歌曲,"囚歌"①开始在中国的大街小巷传唱,这些现象都为刚刚兴起的中国大众文化打下深深的"法律"烙印。

随着时间的推移及大众文化的进一步发展,当下中国法律题材的大众文化作品并没有减少的迹象,恰恰相反,在受众日益分化的背景下,法律题材的大众文化作品获得了更加广泛的关注。以电视剧为例,2016年播出的电视剧《法医秦明》和2017年播出的《人民的名义》都掀起了空前的追剧狂潮。

面对上述现象,我们不禁产生了一系列追问:大众文化与法律之间是否有一种天然的"亲和性"?在法律文化结构空间中,大众法律文化究竟具有怎样的特征,其与法律实践之间的关系如何?或者,更进一步来说,大众法律文化的兴起和繁荣究竟会给当下中国的社会主义法治建设带来什么?我们又该如何应对?

一、研究的现状与述评

正如理查德·K.舍温所说的那样,"对大众文化中的法律的学术研究,相对而言是晚近的学术成就,但是通过其中之一来解释另一个的做法却与西方法律本身一样古老"②。

---

① 20世纪80年代中后期,大街小巷都飘满了"愁啊愁""铁窗泪"等带着哭腔的苍凉的歌声,这就是风靡一时的囚歌。由于它调子灰色、歌词颓废,在当时的社会条件下是不可能登上大雅之堂的,但其商业潜质不言而喻。
② [美]理查德·K.舍温:《大众文化中的法律》,赖骏楠译,载[美]奥斯汀·萨拉特编:《布莱克维尔法律与社会指南》,北京大学出版社2011年版,第105页。

一般认为,最早提出"大众法律文化"概念的是美国学者劳伦斯·M.弗里德曼。20世纪70年代,伴随着大众文化研究的兴盛,弗里德曼明确提出了"大众法律文化"的概念,并将其作为一种"外部法律文化"进行了初步探索。在弗里德曼看来,在现代社会,"大众法律文化"是"创立关于法律的社会理论的最根本要素","大众法律文化促成了法律的制作"[①]。

弗里德曼之后,西方对大众法律文化的探讨主要集中在"大众法律文化反映法律实践"的论题上。芭芭拉·杨维森认为,"法律的精神不仅在最高层被创造出来,而且也在地方性实践中得以转变、挑战和再创造,这种地方性实践在当代美国产生出一种多元法律文化"(Yngvesson,1989:1689);保罗·约瑟夫认为,"大众文化反映的是已存在的法律认识,甚至在它帮助塑造和增强法律认识的时候"(Paul Joseph,2000:257);艾斯默则特别关注法律电影对现实法律实践的表现性:"从1970年,对法律人的电影描写几乎一律是负面的。在同一时期,民意调查则始终如一地显示美国公众对法律人的尊敬经历着一个惊人的下降"(Asimow,2000)。此外,二战后兴起的"法律与文学"运动,同样包含了对大众法律文化的思考。譬如,托马斯·摩哈维兹指出,法律小说"提供机会让人们思考法律生活的普遍特征,以及目前和其他时代社会、经济对法律实践的

---

① [美]劳伦斯·M.弗里德曼:《法律、法律家和大众文化》,刘忠慈译,载《法学译丛》1990年第2期。

具体限制"①。

21世纪以来,随着新媒体的崛起和法律全球化的展开,大众法律文化对法律实践的实际影响开始受到更多关注——在日常背景下,大众法律文化如何使法律意义得到"塑造、传播和接受"成为大众法律文化研究的核心内容。理查德·K.舍温提出,"在法律和大众文化之间存在一个双向沟通。真实的法律问题和争议会促使大众法律表达的形成,一如大众法律表达会推动真实法律问题和案件结果的形成"②。保罗·伯格曼认为,"一些优秀的美国法律题材电影至少实现了一项职责,将某些社会体制内在的艺术潜力开掘出来,将它们提升至人性的高度加以表现,并最终反馈于社会,对世态民生做出负责的阐释,并能够影响普通人的价值观念"③。马胡拉和阿尔布里奇则认为,美国的"大众法律文化输出"将使"司法—娱乐复合体成为一种跨国现象"(Machura and Ulbrich, 2001)④。

对于国内法律文化研究者而言,虽然法律文化早已

---

① [美]托马斯·摩哈维兹:《法律与文学》,载[美]丹尼斯·帕特森编:《布莱克维尔法哲学和法律理论指南》,上海人民出版社2013年版,第456页。
② [美]理查德·K.舍温:《大众文化中的法律》,赖骏楠译,载[美]奥斯汀·萨拉特编:《布莱克维尔法律与社会指南》,北京大学出版社2011年版,第101页。
③ [美]保罗·伯格曼等:《影像中的正义——从电影故事看美国法律文化》海南出版社2003年版,第519页。
④ [美]理查德·K.舍温:《大众文化中的法律》,赖骏楠译,载[美]奥斯汀·萨拉特编:《布莱克维尔法律与社会指南》,北京大学出版社2011年版,第115页。

成为法理学研究的重要组成部分,但基于法制现代化和法律全球化的种种矛盾与困惑,长期以来,学者们主要将精力投诸中西方法律文化及传统/现代法律文化二分基础上的对比探讨上①,主导法律文化、精英法律文化和内部法律文化构成法律文化研究的重心,而作为外部法律组成部分的大众法律文化研究则相对较少。尽管如此,伴随着大众法律文化的兴起以及法律社会学的视角、方法在法律文化研究中的引入,当下中国的大众法律文化研究仍然取得了一些成果,并呈现出明显的阶段性特征。具体如下:

1. 20世纪80年代末、90年代初,"大众法律文化"进入当下中国法律文化研究视阈。标志性的事件是1989年郑成良教授《论法律文化的要素与结构》一文的发表②。在该文中,郑成良教授明确使用了"大众的法律文化"一词,并认为"一个社会的法律文化可以看成由精英的法律文化和大众的法律文化两个亚文化构成的","精英法律文化和大众法律文化"在不同时代存在着不同的差别。

2. 世纪之交,随着西方大众文化进一步进入中国以及中国本土大众文化的繁荣,"中国的大众法律文化"引起关注。在《法律文化散论》一书中,李交发系统讨论了

---

① 刘作翔教授认为这样两个问题的探讨构成了法律文化研究"不可回避的问题",甚至是"近百年文化论争中争论激烈"的问题。参见刘作翔:《法律文化理论》,商务印书馆2004年版,第302页、307页。
② 该文于1989年发表于《社会学研究》第6期。同时该文被作为改革开放后最初20年法律社会学研究标志性论文,收录于李盾主编的《法律社会学》(中国政法大学出版社,1999年版)一书。

西方资产阶级大众法律文化的特征、功用,并提出了"传统中国没有形成大众法律文化"的观点①。舒国滢在《大众化与法治化:一个文化哲学的解释》一文中则指出,"大众文化是 90 年代中国社会变迁最引人注目的现象",同时提出了"大众文化的出现,将给中国的法治化带来一系列难以解决的问题"的预见性观点②。

3. 最近十年来,随着大众法律文化对当下中国法律实践现实影响力的不断提升,如何面对大众法律文化兴起所带来的挑战成为国内大众法律文化研究的重心。譬如,陈雪平基于大众法律文化兴起对立法的影响,指出"民主立法必须植根于'民意立法'才能实现"③;万毅、林喜芬则关注大众法律文化对司法的影响,提出"精英意识与大众诉求的对立、断裂,可能带来整个司法改革进程的精神困境,进而导致整个司法改革的目标错位和路径错误"④;王晓广的研究则关注大众法律文化自身建设问题,认为在新的历史时期需要"培育与社会主义市场经济和民主政治相适应的大众法治文化"⑤。

除此之外,一些青年学者还对当下西方大众法律文化

---

① 李交发:《法律文化散论》,人民法院出版社 2004 年版,第 299—350 页。
② 舒国滢:《大众化与法治化:一个文化哲学的解释》,载《政法论坛》1998 年第 3 期。
③ 陈雪平:《植根民意立法,配置民主立法》,载《当代世界与社会主义》2007 年第 1 期。
④ 万毅、林喜芬:《精英意识与大众诉求:中国司法改革的精神危机及其消解》,载《政治与法律》2004 年第 2 期。
⑤ 王晓广:《法治文化大众化制约因素分析》,载《理论前沿》2009 年第 14 期。

特别是美国大众法律文化进行了介绍性质的研究,代表性成果包括程波的《论美国大众法律文化特性在法律电影中的表达》、樊硕的《法律电影视野下的美国法律文化探讨》等。

我们认为,已有的研究虽然取得了上述成果,但总体来看却并不充分,至少存在以下四点不足:(1)对大众法律文化总体关注仍然不够。尽管弗里德曼提出了"大众法律文化"概念,但他关注更多的也仍然是"内部法律文化",国内的法律文化研究更是如此。(2)"大众法律文化"在概念使用上存在混乱。使用者往往在不同意义上使用"大众法律文化"一词,缺少应有的辨析,"大众法律文化"与"大众文化"概念间的逻辑关系缺少有效归纳,这种情况直接影响了大众法律文化研究的交流与深化。(3)对大众法律文化在中国兴起这一历史现象缺少全景式的描述和特征归纳,更缺少大众法律文化兴起与社会主义法治建设关系的系统讨论。(4)对当下中国大众法律文化建设的目标、路径与方法研究不足。

二、研究思路与内容提要

本书的研究目标在于对上述不足进行尝试性弥补。就研究方法而言,本书试图以法律社会学为进路开展大众法律文化研究,这一进路的基本预设在于,不能将法律简单看作一个"自创生系统",更不能将法律文化的变化仅仅看作"内部法律文化"的自我演化过程。恰恰相反,在现实生活中,无论是立法、司法还是其他法律实践环节都受到了"外部法律文化"的影响,而大众法律文化就是现代社会最重要的外部法律文化之一。

从这个预设出发,本书的基本研究思路在于:以当下中国的社会主义法治建设所产生的现实问题为背景,通过大众法律文化概念辨析,系统描述大众法律文化从西方兴起并在全球扩展的历史现象,突出考察、分析大众法律文化兴起对当下中国的社会主义法治建设所造成的影响,同时针对这种影响,从"法治建设如何应对"与"大众法律文化自身建设"两方面提出对策和建议。

本书的具体章节安排如下:

第一章对"大众法律文化"进行概念界定。即以大众文化理论为起点,以大众法律文化在西方的兴起为描述对象,以法律题材与大众文化"联姻"的必然性分析为核心,全方位呈现大众法律文化的内涵与外延。

第二章将大众法律文化放置在"法律文化"的结构空间中进行对比研究。通过与传统法律文化、现代法律文化、西方法律文化、精英法律文化、主导法律文化、民间法律文化等不同法律文化形态的比较,进一步确认大众法律文化作为法律文化的身份地位,展现大众法律文化的意义与特征。

第三章是关于中国的大众法律文化研究。在这一章,我们将细致描述大众法律文化在当下中国兴起的过程,尝试对"大众法律文化在当下中国兴起的原因""当下中国大众法律文化的基本特征""如何面对大众法律文化在当下中国兴起"三个基础性问题进行回答。

第四、五、六三章分别从立法、司法和法治教育三方面考察大众法律文化兴起对当下中国社会主义法治建设的具体影响,同时进行原因分析,提出对策性建议。其基本结论在于,大众法律文化的兴起对当下中国的社会主义法治建设各个环节造成了深远而复杂的影响,社会主义法治建设的决策者和参与者需要认真面对。

第七章是本书的最后一章。在这一章,大众法律文化自身的建设目标、路径与方法是研究重心。本章的基本结论在于,社会主义法治发展与文化自信的提出对当下中国的大众法律文化建设提出了双重要求,对应这些要求,大众法律文化建设必须成为社会主义法治建设的重要组成部分。

第一章　从大众文化到大众法律文化

必须承认,在当下中国的法学研究中,"大众法律文化"仍是一个相对生疏的概念,虽然在法学学科外,关于大众文化的讨论如火如荼,然而在法学学科内,大众法律文化概念并没有得到认真界定与系统梳理。我们认为,对于大众法律文化的概念把握必须以"大众文化"为起点。

一、什么是大众文化

(一)大众文化的含义及特征

"大众文化"对应于英文"popular culture",或被译为"流行文化""通俗文化",没有明显的褒贬意义①。根据英

---

① 另一个英文词"mass culture"通常也被翻译为"大众文化",往往带有明显贬义,指"乌合之众"的文化,现在一般不常用。参见陶东风主编《大众文化教程》,广西师范大学出版社2011年版,第21页。

国学者约翰·斯道雷的概念梳理,"大众文化"一词有六种不同的定义方式①。

第一种定义认为"大众文化"就是"广受欢迎,或者众人喜好的文化"。

第二种定义将大众文化看作"高雅文化"以外的文化,"泛指达不到高雅文化标准的文化作品与文化实践"。

第三种定义则主要在贬义上看待大众文化,将大众文化直接视作"为了满足大量消费而大批量生产的文化,其观众是没有鉴别力的消费者"。

第四种定义浪漫地将大众文化看作"为人民服务的人民的文化"(culture of the people for the people)。

第五种定义强调大众文化是葛兰西式的"斗争和谈判的场所"。

第六种定义突出了现代大众文化是消融艺术与商业之间界限的文化类型。

通过上述定义,可以发现人们对大众文化有着不同的理解和认识,其概念和含义往往取决于研究者的立场和角度。然而,在另一方面,作为一种现象描述工具,我们仍然能从人们对大众文化(特别是外延层面)的讨论中寻找到共通点,这一共通点即大众文化"主要是指随着现代大众社会的兴起而形成的,与当代大工业密切相关,以大众传媒为主要传播手段、进行大批量生产的当代文化形态","大众文化一般包括流行小说、商业娱乐性的影

---

① [英]约翰·斯道雷:《文化理论与通俗文化导论》,杨竹山等译,南京大学出版社1991年版,第7—20页。

视、流行音乐、广告文化等形态"①,其具有商业性、娱乐性、技术性等三个基本特征②。

1. 商业性

商业性是大众文化的首要特征,具体则包含了"商品性"和"产业性"的双重内涵——这两种内涵往往纠缠在一起,无法分割,共同构成大众文化实现其经济功能的基本前提。

现代大众文化理论认为,"大众文化和其他的商品一样,具备使用价值和价值,遵循着市场规律运行着,以满足和刺激大众的文化消费欲望为最终目的。"③而其生产模式是"批量生产、即时生产",即生产和流通连为一体,在生产过程中,大众文化作品的创意、设计、生产、包装到流通销售构成了一个巨大的产业链,这个巨大的产业链在大众传媒的推力作用下把大众文化产品普及到社会的各个角落,渗透到大众的日常生活。正因为如此,在《启蒙辩证法》一书中,法兰克福学派的代表人物霍克海默和阿多诺形象地将"大众文化"称为"文化工业",而这样称呼的根本原因就在于其"更能体现大众文化生产的商品性"④。

以世界影都好莱坞的崛起与成功为例。20世纪初,好莱坞逐渐发展成为世界电影之都,其直接得益于八大

---

① 陶东风:《大众文化教程》,广西师范大学出版社2011年版,第23页。
② 关于大众文化的特征,很多学者都做过不同的归纳,包括商品性、产业性、流行性、普及性、多样性、通俗性、复制性等等,但笔者认为这些特征都可以从商业性、娱乐性和技术性三个特征进行引申。
③ 张伟:《消费语境下大众文化的生成与发展》,载《学术界》2010年第7期。
④ 陶东风:《大众文化教程》,广西师范大学出版社2011年版,第33页。

电影公司①在那里的建立和发展,而这八大影片公司都是商业性的,它们的老板都是商人,直接或间接向它们提供财源的则是洛克菲勒和摩根等大财团。正是好莱坞的这种商业性质,决定了它的经营目的是为了商业利润——为了吸引源源不断的观众、赚取巨额票房价值,好莱坞很早就创立了电影明星制度和商业类型片的经营方式,这两者的完美结合成为好莱坞争取票房成功的重要因素。时至今日,美国仍是当今世界上商业电影、商业电视剧的最大出口制作者与市场获利者,几十年来他们制作了大量的,以科幻、警匪、言情为内容的商业片,获得了巨大的轰动效应和市场红利。

2. 娱乐性

娱乐性是大众文化的第二个基本特征,也是大众文化实现商业利益的"秘诀"。

必须承认的是,在当代社会,娱乐有其天然的合理性。一方面,在工业化、都市化的社会和市场经济的激烈竞争中,人们经常生活在紧张和压力之中,因而渴望获得休闲和放松,舒缓精神生活。另一方面,随着社会的进步以及工业的发达,人们有了大量富裕的时间——闲暇时间的增多第一次使人类可以有条件进行充分的娱乐,从而使缓解紧张、压力成为可能。

大众文化的出现满足了人们的娱乐要求。正如有学者所指出的那样,"大众文化文本无论其结局是悲是喜,

---

① 即环球影片公司、哥伦比亚影片公司、20世纪福克斯公司、米高梅影片公司、华纳兄弟影片公司、派拉蒙影片公司、雷电华影片公司和联艺影片公司。

总是追求广义上的愉悦效果,使公众的消费、休闲或娱乐渴望获得轻松的满足"①。而大众文化研究的著名学者费斯克更是直率地指出,大众文化是"生产快感"的文化,娱乐快感是大众文化产生并蔚为大观的心理基础。"许多大众的快感,特别是年轻人的快感(他们可能是动机最强烈的逃避社会规训的人),会转变成过度的身体意识,以便生产这种狂喜式的躲避。摇滚乐震耳欲聋地播放着,以至于只能靠身体去感受,而不能用耳朵去倾听;有些舞蹈形式如撞头舞(head banging)、迪斯科舞厅的闪烁的灯光、药品的使用(合法或非法的)这一切都可用来提供物质感官的、逃避的、冒犯性的快感。"②

3. 技术性

必须承认,大众文化并不是在任何社会形态中都必然会出现的现象,其在本质上是一种随着工业文明、消费社会及大众社会的兴起而出现的特殊文化形态——现代工业的发展及较高物质文明的出现是大众文化产生的技术基础,也赋予了大众文化鲜明的"技术性"特征。

大众文化的技术性特征主要体现在大众文化的"载体"上。一般认为,区别于传统艺术和当代精英文化以印刷媒介为载体的制作和传播方式,大众文化主要以电子媒介为载体,这里的电子媒介既包括电影、电视技术,也包括现代的数字复制技术——正是借助电子媒介这一技术性变革,大众文化不但迅速而大量的拷贝,批量制作、

---

① 王一川:《大众文化导论》,高等教育出版社2004年版,第8页。
② [美]约翰·费斯克:《理解大众文化》,王晓珏、宋伟杰译,中央编译出版社2001版,第63页。

批量生产出无穷无尽的复印件,更是跨越了阶层、语言、地域、传统等重重界限,在全球进行"现场直播",使文化由"贵族"走向"大众"。对此,美国社会学家查尔斯·霍顿·库雷早在1909年就曾指出,新媒介在四个方面更为有效:"表达性,它们能传送范围广泛的思想和感情;记录永久性,即超越时间;迅速性,即超越空间;分布性,即能达到所有各阶级的人们。"①

(二)大众文化的发展历程

一般认为,当代大众文化兴起是"现代化"和"大众社会"产生的直接的后果。

正如英国学者斯特里纳蒂(Dominic Strinati)所剖析的那样,从19世纪开始,伴随着工业化和城市化的推进,传统的乡村社会群体开始瓦解、宗教开始衰落,道德整合作用也变得日益相对缺乏。"无论如何,社会的基础已不再是'人们',而是'大众'了"②,大众社会③由此产生。大

---

① [美]德弗勒和鲍尔—洛基奇《大众传播学绪论》,杜力平译,新华出版社1990年版,第27页。
② Dominic Strinati. An Introduction to Theories of Popular Culture [M]. London: Routledge, 1995. P14.
③ 按照戴维·米勒主编的《布莱克维尔政治学百科全书》"大众社会"词条的解释,"大众社会的概念最初是作为对法国社会,也是对工业革命的反映加以概括而提出来",虽然人们对什么是"大众"有着不同的认识,但"20世纪以来,越来越多的人倾向于把'大众'定义为由工业化生产方式创造出来的规模庞大、自由流动的城市平民和劳动者,它包括了多数中下层社会群体和后来逐步成长起来的中产阶层,这个群体与传统的统治阶层与精英社会群体有着明显的区别"。参见赵文荟:《大众文化和大众传播的崛起——当代意识形态面临的特殊文化景观》,载《南京社会科学》2009年第8期。

众社会的诞生直接导致传统的文化产品不再能够满足"大众"的文化需求——嗅到巨大商机的工业与商业制开始向文化领域进军,从而带动精神文化上的大众消费,并直接促成了大众文化(mass culture)的崛起。

以美国为例,19世纪末20世纪初正是美国迅速实现工业化的时期,及至20世纪20年代,美国经济呈现出异常繁荣的局面:从1914年到1929年,美国的财富增长近一倍,人均收入则从1900年的480美元,增长到1929年的681美元①。伴随着经济繁荣,在这一时期,美国开始"进入了'大众社会'"②,大众文化随之在美国兴起——商业电影、商业体育和流行音乐成为早期大众文化的主要形式。

首先是商业电影。从20世纪的第一个十年开始,制片商一方面把电影看作商业性的娱乐产业,一方面又理所当然地把电影院看作商业性的娱乐场所。1903年12月,好莱坞导演埃德温·鲍特摄制完成第一部西部片《火车大劫案》,公映后受到舆论界和观众的一致好评。

除了商业电影,这一时期的大众文化兴起还表现在商业体育和流行音乐的繁荣上。在商业体育领域,职业棒球运动的发展尤为引人注目。1905年的一次比赛开始得到有组织的棒球界的赞助和支持——这次世界大赛是在全国联盟的纽约巨人队和美国联盟的费城竞技队之间

---

① 李其荣:《美国文化解读》,济南出版社2005年版,第116页。
② 惠敏:《当代美国大众文化的历史缘起》,载《山东师范大学学报(人文社科版)》2009年第2期。

进行的,5局比赛共吸引了总数达91,723名的观众,获利68,400多美元。在流行音乐领域,爵士乐和乡村音乐成为流行音乐的代表——1917年,第一个爵士乐队诞生于美国,同年,出现了第一张爵士乐唱片。

大众文化的进一步发展出现在"二战"以后。1945年,伴随着第二次世界大战的结束,世界经济迅速复苏,大众传媒迎来发展的黄金期。在大众传媒媒介的帮助下,现代大众文化的形式变得更加丰富,其表现形式不再限于传统的商业电影、流行音乐等因素。1953年,美国生产了世界上第一台彩色电视机。一般认为,正是电视的普及以及商业电视节目的大量制作使大众文化得到更加迅速地传播,"大众文化是电视剧类型形成的主要文化原因,大众文化、主流文化与精英文化对电视剧类型都产生一定的影响,其中大众文化作用较大"①。

从20世纪80年代开始,大众文化迎来了第三波快速发展的时期,并一直持续至今。一般认为,这一时期大众文化的繁荣,与卫星通信系统、计算机网络的广泛运用密切相关——正是这些新兴技术手段使商业电视、主题公园、商业广告、网络游戏甚至如情人节、父亲节、母亲节、感恩节、圣诞节等节日都深深地打上了大众文化的烙印。同时,西方大众法律文化特别是美国大众文化也借助这些技术手段在全世界范围内获得了更广泛的传播——有统计显示,及至21世纪初,美国文化产业已占有世界文化

---

① 张智华:《电视剧类型特点与产生原因》,载《艺术百家》2012年第4期。

市场43%的份额;美国音像业的出口额已超过航天工业的出口额,是美国创造利润最多的行业之一;美国的400家最富有的公司中,有72家是文化企业①。除此之外,英、法、德等国的文化产业产值,也都达到国民经济生产总值相当可观的比例②,日本文化产业的规模甚至比汽车业和电子业还要大——截至2005年底,日本与动漫有关的市场规模已超过2万亿日元,动漫产业成为日本第三大产业。

当然,不只是西方大众文化,在这一时期,一些新兴工业国家在发展经济的同时,亦开始注重发展本土的文化产业,以印度为例,该国正大力发展自己的电影产业,力图把印度电影扩展到全世界,形成与好莱坞竞争的电影力量③。

二、大众文化与法律的"联姻":呈现在大众文化中的法律题材

无疑,法律是各种文化常常涉及的题材,无论是古希腊的悲剧还是中国的戏剧都有法律的影子,然而,正如本书在序言中所提及的那样,现代大众文化从其诞生初期即指向法律题材,相比较其他文化形态,法律题材在现代大众文化中占有更突出的位置。

---

① 周泗琴:《美国文化产业发展战略及启示》,载《现代企业文化》2012年第26期。
② 金民卿:《文化全球化与中国大众文化》,人民出版社2004年版,第415页。
③ 金民卿:《文化全球化与中国大众文化》,人民出版社2004年版,第340页。

(一)法律题材的商业电影

一般而言,现代大众文化兴起的一个重要标志就是商业电影的出现与发展,特别是好莱坞商业电影帝国的建立,而法律题材正是很多经典的好莱坞商业电影的选择,《费城故事》《十二怒汉》《克莱默夫妇》《死囚漫步》《正义法庭》《正当防卫》《杀戮时刻》《最后时刻》等一大批著名法律影片都产生于好莱坞的电影流水线上[①]。

纵观好莱坞的法律电影可以发现,虽然这些法律电影主要关注美国社会和民众日常生活中的法律问题,然而其内容却广泛涉及社会道德、伦理、政治等领域。以《费城故事》为例,该电影尖锐地指出,对同性恋与艾滋病人的憎恶与恐惧是造成社会对他们产生歧视的根本原因。而在电影《公民露丝》中,妇女堕胎权与胎儿生命权的支持者们互相展开了激烈的斗争,甚至不惜为此毁灭被告的生活。此外,在电影《魔鬼辩护人》中,一系列超现实的电影手法被导演用以渲染律师们的"作恶能力",表达美国社会对律师这一特殊职业的复杂心态;电影《克莱默夫妇》则超越了狭义的法庭片的界限,以通过争得儿子抚养权的努力表达出对人伦之美的完美渴求。

---

① 美国影评家 Francis. M. Nevins 认为,好莱坞的法律电影有三个黄金时期:第一个黄金时期是从20世纪20年代晚期有声电影时期到1934年中期好莱坞严格自我审查时期;第二个黄金时期基本上与沃伦法院繁荣时期相一致;第三个时期是在沃伦法院之后以及反对沃伦法院时期,也就是人们仍然处于的21世纪初期。当然也有一些电影介于不同黄金时期之间。

当然,法律商业电影创作并不限于好莱坞。作为大众法律文化的组成部分,法律商业电影早已成为各国电影创作的主要种类,而其具体题材则极为多元和丰富——有学者曾尝试将法律商业电影分成四类:①第一类是运用证据和法律伸张正义的故事。譬如影片《破绽》叙述的就是作为作案工具的手枪在警察目光睽睽下失踪不见的故事,其最终的结局则是探案者终于发现了凶手怎样移花接木从而将罪犯绳之以法。第二类是展现当事人为权利而斗争的影片。如影片《我要求审判》,偏重的是芭芭拉·史翠珊扮演的杀人案件的被告人拒绝被认定为精神病人,坚持要求审判并在法庭上获胜的故事。另外,朱迪·福斯特主演的影片《被告》描述一个轮奸案件的被害人怒而将在轮奸现场鼓噪怂恿的围观者告上法庭的故事。第三类是探索法律领域人性和人与人的关系的电影,如韩国影片《母亲》、美国影片《因父之名》《一级恐惧》等。这些影片涉及母亲与作为嫌疑人的儿子、父亲与作为无辜者的儿子、辩护律师与其疑似患有双重人格精神病的被告人的关系,连接这些关系的除了亲情和当事人的委托之外,是令人感到惊骇的案件。第四类是深刻分析和批判政治、司法制度的弊病以及司法官表现的影片,重在唤起人们对司法制度的反思和对人性的思索。如在影片《杀戮时刻》中,律师杰克在法庭上表达了他对法律的价值判断:找寻真理要依靠心灵,而所谓"法律",在最

---

① 张建伟:《法律题材电影大观》,载《法制资讯》2014年第5期。

终的意义上是人类良知的体现。而法国影片《Z》、意大利影片《警察局长的自白》、美国影片《真相》、日本影片《即使如此,也不是我做的》、波兰影片《杀人短片》等都属于这一类。

(二)法律题材的商业电视

作为大众文化的重要组成部分,商业电视节目同样关注法律题材。

以美国著名的TruTV(原名Court TV)为例,该电视台就是一个专业的商业法律频道。该频道首播于1991年,在保持专业频道定位的同时,在节目编排上努力兼顾新闻性、公众性和专业性、趣味性,并做到形式和内容的丰富多彩,吸引较为广泛的收视群。目前TruTV拥有多种形式的节目类型,大体可分为六种:

1. 法律新闻类

这类节目包括常规新闻节目、新闻访谈类节目、法律娱乐类节目。此类节目并不过多地关注司法程序,其风格活泼、明快、轻松,而包装也注重娱乐化,表现得非常时尚、跳跃。

2. 案例纪实类

以《法医档案》《终极证据》为代表。此类节目在美国知名度很高,栏目采用了引人入胜的故事手法来讲述案例,它们融入了大量的侦探、法医等技术性知识,用以讲解破案的方法和技巧,阐述工程师、化学家、电脑专家等特殊职业人员如何充分利用各种科技手段追寻线索,从而揭开犯罪、事故的真实原因。

3. 庭审类

此类节目的主持人通常具有很强的法律背景,同时也会聘请经验丰富的律师及专职记者担任解说并对案件进行评论分析。为了丰富节目的信息量,制作者们还在法庭审讯的直播画面中穿插大量的字幕,包括滚动的法律新闻标题,正在播放的审判案件名称,发言人的姓名、身份、教育背景、从业经验或犯罪前科记录及其与案件的关联,等等。

4. 电视剧类

目前最为成功的播出剧为《犯罪现场调查》。《犯罪现场调查》是系列剧,谋杀案件构成该剧主题。自2008年至今,该据已播出13季,并成为美国哥伦比亚广播公司的王牌节目,多次入围艾美奖、金球奖,连续四年获得全美民选奖最受欢迎类剧集。

5. 真人实录类

以最具实录类特点的《警察故事》为例,其基本特点是现场录像剪辑,利用警车的录像装置记录下警察在街头值勤、执法等情景,真实记录警察执法的全过程,无任何解说,题材内容则涉及警察工作中的各种案件、各种执法过程,非常具有真实感。

6. 游戏竞赛类

此类节目将丰富的法律专业知识放置在各种游戏竞赛节目的环节中。主持人、评判员和参赛选手则充分互动,从而达到寓教于乐的效果①。

(三)其他法律题材的大众文化形态

除了商业电影、商业电视以外,现代流行小说甚至游戏动漫作品中亦能找到"法律"的身影。

1. 法律小说

区别于传统小说,作为大众文化的组成部分,现代流行小说并不是专为精英人士、知识分子的喜好而设计和打造的文化作品,其在形式和内容上更符合大众口味——或者以畅销书的面目出现,或者登载在时尚杂志上。

现代流行小说家对法律题材往往情有独钟,侦探小说、犯罪小说甚至成为独立的流行小说类型。譬如,早在1901年,针对有人对侦探小说不屑一顾的轻蔑态度,英国著名文学评论家切斯特顿就专门撰写并发表了《为侦探小说一辩》一文,在该文中,切斯特顿指出侦探小说有好坏之分,而好的侦探小说是通俗文学中最早的、唯一表现出现代生活之诗意的形式。

"二战"以后,法律题材的流行小说进一步繁荣,甚至有所谓的专门"法律小说家"——约翰·格里森姆就是其中的佼佼者。仅1994年,格里森姆的新旧作品就有4部上了畅销榜,对此,一贯以保守严肃著称的《基督教科学箴言报》曾发表专栏文章进行评论:"上飞机的乘客人手

---

① 相关介绍可参见陈慧彬:《中外法制节目之比较》,载《新闻传播》2013年第11期。

一卷格里森姆的小说,仿佛这成了联邦航空管理局的规定。"①而《今日美国》报道则认为,1993年夏天被采访的高级经管人员中,有一半以上都在读格里森姆的小说,他的读者群的年龄从10岁一直到96岁②。

2. 法律题材的游戏动漫

近年来,伴随着计算机和网络的兴起,游戏动漫一跃成为重要的大众文化形态。以动漫为例,虽然传统认为,动漫仅仅是针对少年儿童的主力休闲产品,然而随着网络的兴起,到了20世纪90年代,整个动漫的观众定位已经与之前的认识发生了巨大不同——漫画、动画的受众已经从单纯的儿童观众衍生到成人等多个观众层次,而各类专门针对少男少女的少年热血动漫、少女美形动漫、成人动漫等作品则相继面世,获得巨大成功。

必须看到,游戏动漫同样高度关注法律题材——在现代游戏动漫作品中,我们不但能发现法官、警察、盗贼、律师等与法律直接相关的人物角色高频次出现,还能找寻到专门的"法律类"的游戏动漫产品——日本的"侦探动漫"是这方面的代表③。

考察日本的动漫史可以发现,从20世纪90年代开始,日本诞生了从《金田一少年事件簿》到《名侦探柯南》

---

① 章祖德:《一个解剖美国法律的人——记美国畅销书作家约翰·格里森姆》,载《出版广角》1998年第5期。
② 章祖德:《一个解剖美国法律的人——记美国畅销书作家约翰·格里森姆》,载《出版广角》1998年第5期。
③ 侦探推理动漫的类型并非日本独创,更不是独有,但侦探动漫却在日本生根发芽、独树一帜,这是不争的事实。

再到《傀儡师左近》等一大批以"侦探"为主题的动漫作品。这些侦探动漫作品的基本特点在于,其主要为满足青年及成人的需要而创造,而不仅仅是满足孩子们的"热闹有趣"的作品。在这些侦探动漫中,经常呈现的是离奇紧张的剧情、多变的人物关系以及复杂的作案手法、细致的侦破过程,并最终包含了对社会生活的反思。

三、为什么是大众法律文化:作为大众文化组成部分的大众法律文化

以上,我们描述了涉及法律题材的现代大众文化,通过这样的描述,我们试图证明:在现代大众文化中,法律题材已经构成了其重要且固定的内容,作为现代大众文化的一种亚形态的"大众法律文化"已经产生。"大众法律文化"这一概念充分体现了大众文化与法律的紧密关系,其"或者隐含着某些时代或人们对法律的非论证的但并非不系统的思考,或者隐含了可供我们分析的某些时代的法律制度的特定信息"[①]。

我们认为,至少有三方面原因决定了现代大众法律文化产生、兴起的必然性:

1. 法律大众与大众法律文化的外部性

如我们在序言中所提及的那样,早在 20 世纪 70 年代,美国学者弗里德曼就提出了"大众法律文化"的概念,

[①] 苏力:《批评与自恋:读书与写作》,法律出版社 2004 年版,第 258 页。

并将其作为"创立关于法律的社会理论的最根本的要素"。① 在弗里德曼看来，大众法律文化"不是法理学家或法学教授有意识的理论概括。它是与法律制度相互作用的人们的见解，例如非专业人员、银行家，商人、警察、要离婚的妇女等人的见解"②。"大众法律文化直接区别于从事专门法律任务的社会成员的"内部法律文化"，是一种"外部法律文化"，大众法律文化甚至"创造了大众文化"③。

应该承认，弗里德曼对大众法律文化的概括是具有启发意义的，通过这种概括，弗里德曼明确表达了现代"大众法律文化"与"法律大众"群体的崛起之间的密切关系，并认为，正是后者造就了大众法律文化的外部性特征。

具体而言，近代以来，在工业化和城市化的共同推动下，传统的乡村被摧毁，人群由乡村拥往城市，此时"出现了大量疏离隔绝的个人，他们以各种各样的专业方式相互依赖，但缺少中心统一的价值观和目的"④，这些"疏离隔绝的个人"也许是古斯塔夫·勒庞眼中的"乌合之众"，也许是莫斯科维奇笔下的"群氓"，然而无论如何，这些

---

① [美]劳伦斯·M.弗里德曼：《法律、法律家和大众文化》，刘忠慈译，载《法学译丛》1990年第2期。
② [美]劳伦斯·M.弗里德曼：《法律、法律家和大众文化》，刘忠慈译，载《法学译丛》1990年第2期。
③ [美]劳伦斯·M.弗里德曼：《法律制度——从社会科学角度观察》，中国政法大学出版社2004年版，第261页。
④ [美]梅尔文·德弗勒、桑德拉·鲍尔－洛基奇：《大众传播学理论》，杜力平译，五南图书出版公司1991年版，第174页。

"疏离隔绝的个人"都不是一般意义上的"人们",而是这些具有异质性的"大众"。

那么,这些异质性的"大众"依靠什么获得团结呢?毕竟,对于一个社会而言,"团结"是一个前提条件。

面对这样的问题,学者们给出了不同的答案,考察这些答案可以发现,无论是梅因的"从身份到契约"的概括,还是涂尔干的从"机械团结"到"有机团结"的转变,或者滕尼斯的"礼俗社会"走向"法理社会",无不指向法治的建立以及传统法律向现代法律剧烈变迁的历史过程①,在结果上则"结束于政府对统治权的垄断,并伴随着法律理性的发展"②。换句话说,在向现代社会的转变中,"法律"实际构成了异质性的"大众"团结的重要因素,法律(而不是其他什么社会规范)在现代人身上打下了越来越清晰的烙印,"法律大众"由此产生。

然而,"法律大众"并不是"法律人",他们仅仅是深处于"法理型统治"之中而已:一方面,他们有着"合法律性的信仰,也就是服从形式正确的以一般方式通过的成文规定"③,这就决定了他们对法律及法律文化有着超越以往的需求;另一方面,由于并没有受过系统的法律训练,

---

① 这一历史过程与工业化、城市化进程是相伴生的。譬如现代警察制度直接导源于工业化进程。统计表明,国家的工业化程度与警察人数成正比。参见《简明不列颠百科全书》(第4卷),中国大百科全书出版社1985年版,第443页。
② [美]莱因哈特·本迪克斯《马克斯·韦伯思想肖像》,刘北成等译,上海世纪出版集团2007年版,第321页。
③ [德]韦伯:《社会学的基本概念》,顾忠华译,广西师范大学出版社2005年版,第49页。

法律大众对法律和法律现象有着与法律职业群体不同的认识,他们也因此迫切需要借助一种文化形式去表达自己的"法律观点",对此,弗里德曼有过如下生动描述:

> 在现代社会中,法律和法律制度确实是无所不在的。因而十分自然地要存在于大众传播媒介之中。无论喜欢与否,人们都与法律发生牵连。他们对墨守法规大发牢骚,他们无休止地抱怨法律家,抱怨诉讼案件泛滥成灾,等等,但事实上,这些抱怨是由于依靠法律而产生的……①

我们认为,正是在这样的背景下,满足法律大众需求,努力表达法律大众"外部观点"的大众法律文化诞生了。我们仍以电影为例,保罗·伯格曼通过对 75 部法律电影的分析明确提出,法庭电影应该被认真对待,因为它们反映出了大众所相信的或者说至少是电影制作人希望人们相信的那些法律文化,更重要的是这些电影加强了并且有可能改变了这些信仰,因此,那些法庭电影试图传递给观众的信息十分值得反映出来②。亦有中国学者指出,"在美国大众法律文化的传统中,至少从理论上讲,好莱坞法庭电影可能比法律故事作品和法学理论文章更多地反映美国大众的法律文化观而不是职业法律人的法律

---

① [美]劳伦斯·M. 弗里德曼:《法律、法律家和大众文化》,刘忠慈译,载《法学译丛》1990 年第 2 期。
② [美]保罗·伯格曼等著:《影像中的正义——从电影故事看美国法律文化》,海南出版社 2003 年版,第 519 页。

文化观"①。

2. 法律传播与大众法律文化的技术性

大众法律文化产生和兴起的第二个原因来自于现代法律传播的需要。

如上所言,工业革命以来,现代法律由上帝理性转化为对自由、平等、人权和正义的追求,并具有了普遍有效性,"国王和人民都受为人所知的法律的管制"②,然而,在另一方面,现代法律的地位却并不牢靠——现代法律需要进一步摆脱传统的法律神秘主义束缚,同时,借助文化传播扩大影响力,从而为法治的巩固和发展创造条件。

传统的以口头或纸面印刷为基础的文化传播样态在此时显得力不从心,于是,与现代传媒技术紧密结合的大众文化就成为现代法律传播的首选文化形态。

首先,大众法律文化的技术性特征有条件使现代法律获得更广泛传播。正如有学者所指出的那样,"大众文化并不是大众媒体自然而然地生发出的东西。然而,这却是一种在大众媒体上的发展,也是一种由于大众媒体才发展起来的文化"③,大众文化是"以大批量制作的生产

---

① 譬如,一段时间以来,对于是否废除死刑,美国老百姓和法律人士的看法就大不相同,好莱坞正是以"美国老百姓"的看法为基础,拍摄了许多具有震撼力的反死刑的电影,例如《我要活》《死囚漫步》《毒气室》《铁案悬迷》等,这些法律电影从道德和政治上表达了人们对于死刑问题的思索。相关介绍参见程波:《论美国大众法律文化特性在法律电影中的表达》,载《湖南商学院学报》2006年第5期。
② [英]M.J.C.维尔:《宪政与分权》,苏力译,北京:生活·读书·新知三联书店1997年版,第30页。
③ 叶虎:《大众文化与媒介传播》,学林出版社2008年版,第25页。

方式而不是以阶级、阶层作为定义自身的标记"①,因此,借助大众法律文化,关于现代法律的信息、新闻、思想、事实、资料将获得迅速传递、交换和扩散。同时,社会公众参与"法律"的深度和广度也将由此得到迅速提升。而在此之前,大众背后的平行团体"无法自我组织,至少不易组织起来"②,"有关法律事务的公共舆论是不存在的"③。

其次,大众法律文化的技术性特征将使现代法律获得更生动的传播。毋庸置疑,在呈现方式上,依赖于现代传媒,现代大众文化更多是以视听符号的形式呈现出来,"尽管视听符号之于真实的关系是脆弱的,甚至有时是虚假的,但影响总是能够巧妙地以自然的直接性和呈现性获得更多的信任感和存在感"④。正因为如此,相比传统法律文化形态,大众法律文化可以使现代法律获得更为生动有效的传播——借助这一传播,不但现代法律及其运作方式将得到更加生动的展现,同时也"拉近了公众与司法的距离。公众在对案件认知、判断的基础上,根据法

---

① 陆杨、王毅:《文化研究导论》,复旦大学出版社2009年版,第140页。
② [美]弗里德曼:《选择的共和国》,高鸿钧等译,清华大学出版社2005年版,第262页。
③ [英]戴维·M.沃克:《牛津法律大辞典》,邓正来译,光明日报出版社1988年版,第734页。
④ 郑保章:《大众传媒时代媒介歧视问题研究》,人民出版社2011年版,第65页。

律正义的外在社会价值形成一种民众意愿"①。

当然,我们也要注意到,现代法律或法治借助大众法律文化的技术性特征扩大其自身的影响力并不是一种单向顺应活动。这是因为,大众法律文化首先是一种大众文化,这就意味着,大众法律文化的发展必然遵循一般大众文化的运作逻辑,特别是其商业利益的实现——一方面,为了迎合"民意"实现商业诉求,大众法律文化同样可能对现代法律和法治进行消解和重构;另一方面,在利益集团的直接操纵下,大众法律文化甚至有可能直接塑造民意,影响立法、司法活动本身,形成一种"反法治"的力量。一言以蔽之,现代大众法律文化绝不会只做法律和法治的"好学生"②。

3. 法律实践与大众法律文化的娱乐性

如果现代大众法律文化的产生与兴起的前两个原因是社会及法律发展驱动的结果,那么大众法律文化产生和兴起的第三个原因则来自于大众文化自身。

必须看到,由于大众文化是积极追求商业利益的文化,而大众文化的商业利益主要又是基于大众文化产品

---

① 譬如,针对法律电影这样一种最为典型的大众法律文化形态,有学者发现"用电影来讲法律,比用传统意义上的文本更方便","如果说电影是叙事的话,与其他叙事体艺术基本区别就是能被'看见',换句话说,它实际上是'呈现'和'展示'故事,而不是讲述故事。在画面的更替、光影的变换中,通过具体的、物象的、动态的、连续的声音和图像,观众获得了一次次亲历的感觉"。相关研究可参见张万洪、程骛主编:《缤纷法影:美国电影中的法律》,法律出版社2012年版编者前言;部占川:《民意对刑事司法的影响考量》,载《贵州社会科学》2010年第5期。

② 关于这一问题我们将在本书的第六章作更为深入的探讨。

的娱乐性表达而实现的,因此大众文化创作者天然倾向于积极寻找包含娱乐特征的现实素材——现代法律及其实践恰恰可以满足这种要求。①

我们认为,大众法律文化至少可以从如下几个方面满足大众的娱乐心态:

其一,好奇、求知心理的满足。一般认为,好奇和求知是一个人在成长过程中的正常心态,对知识的渴望和对生活环境的好奇也是人们生存和获得发展的基本需要之一,同时,在现代快节奏的生活状态下,越来越多的人喜欢以一种娱乐心态获取知识。

大众法律文化可以满足人们的好奇求知心理。这是因为,对于大多数人来说,法律及法律现象是一个陌生而新鲜的领域,一方面,通过大众法律文化作品,普通百姓可以了解到一些法律知识,特别是"有用"的法律知识,从而产生一种满足感;另一方面,通过大众法律文化作品,人们还可以较为直观地体验案件的侦破、罪犯的抓获、法庭上的唇枪舌剑、正义与邪恶的激烈争斗等戏剧化场景,其最终结果是"虽然多数人并没有参与诉讼、亲历审判,但是人们却可以通过法律电影和报刊、电视、网络等多种渠道体验着法律生活,分享着法律对话所带来的刺激和清醒"②。

---

① 也许正是在此种意义上,弗里德曼认为"大众法律文化还创造大众文化"。参见[美]劳伦斯·M.弗里德曼:《法律、法律家和大众文化》,刘忠懿译,载《法学译丛》1990年第2期。
② 程波:《论美国大众法律文化特性在法律电影中的表达》,载《湖南商学院学报》2006年第5期。

以大获成功的美国电影《教父》为例,对当年的美国民众而言,"黑手党"是一个令人十分感兴趣的题材。每个人都知道美国有这么一个秘密的犯罪组织存在,它无影无形却又无所不能,暗中操纵着地下社会,但当权者却不承认它的存在。因此,有学者指出,当《教父》用一种暴露黑手党内幕的姿态来描述科莱昂家族的犯罪故事时,"就充分满足了读者的想象力和偷窥欲,并且形成了一种有利促销的社会话题"①。

其二,逃避、叛逆、释放心理的满足。逃避、叛逆是对现实的一种反动,而释放是主体对客观环境的不适而产生的情绪能量宣泄。弗洛伊德认为,压抑本能冲动是必要的,然而不能过分。如果压力过大,反作用力就会冲破限制,影响人的理性。实际上,当面对诸多压力时,人们一般有两种处理问题的方式:一是积极寻求解决,获得满意效果;一是意识到压力大大超出自身能力,经过处理仍然无法解决问题,于是就会无奈接受现实处境或者分散注意力,远离困境或逃避现实,寻求其他的快乐来弥补。

大众法律文化在很大程度上可以满足逃避、叛逆、释放心理。由于大众法律文化时常出现的犯罪、暴力、死亡的场景往往带有极强的感官冲击力,因此,大众法律文化作品常常成为一部分人群释放压力、发泄本能欲望的"首选"。

在这方面,20世纪四五十年代出现的所谓以犯罪为

---

① 梁良:《犯罪片经典——〈教父〉》,载《电影文学》2002第7期。

题材的"黑色电影"最具典型意义。一般认为,"黑色电影"在主题上"多以一种比一般警匪电影更加悲观,更加暴力的方式来展现城市生活中的犯罪活动,影片自始至终弥漫着惶恐、焦虑等情绪"①。在黑色电影中"充满了被各种欲望诱惑着的主人公,汇聚着谋杀、欺诈、粉红的或黑色的阴谋、圈套等种种现代都市生活的罪恶。黑色电影试图以悲观恐惧的视角反思社会,同时释放出人们心灵中所隐藏的一种'二战'及'二战'后的压抑和恐怖气氛所激发起来的黑暗绝望和虚无主义的情绪"②。

其三,审丑与窥探心理的满足。在一个全民娱乐、全民狂欢的时代,大众对于娱乐对象有一种"审丑"与"窥探"心理,他们"边骂边看、骂完更爱看、看完还骂","审丑"与"窥探"心理是一种难以解释的微妙心理,"大众是在又喜又恶的矛盾状态下获得快感的"③,而在这其中,尤以围绕"性与暴力"所生成的大众文化作品的大量出现最能说明这种需求。正如有学者发现的那样,"性和暴力无疑已成为当今西方影视作品中的隆重主题。在商业主义的利益驱动下,在后现代主义的观念更新中,性与暴力的内容与形式越来越花样翻新,又越来越以一种冠冕堂皇的方式占领了电影院和人们的起居室;人们也越来越分不清哪些是编导者的艺术探险,哪些又是他们有意制造

---

① [美]保·施拉德:《黑色电影札记》,郝大铮译,载《世界电影》1988年第1期。
② 孙鹏:《略谈黑色电影》,载《电影文学》2008年第18期。
③ 张九海、邢少花:《狂欢与静思——"泛娱乐化"情境下大众十种心态分析》,载《学习论坛》2013年第11期。

的色情狂想与暴力美学"①。

我们认为,就大众法律文化而言,现代大众法律文化不仅常常涉及"性与暴力",更在题材选择上与人性中最丑恶的一面——贪官、强盗、卖淫、诈骗等符号相挂钩,因此大众法律文化可以有效满足大众的"审丑"需求与窥探心理。譬如,有学者在调查后发现,当下中国很多婚姻诉讼类法律电视节目,就包含了"个人情感经历、婚姻生活、生理缺陷、个人生活的污点、婚外情关系、家庭收养关系、家庭财产与家庭收入"②等多方面内容,而这些内容往往都是大众的兴趣焦点。

---

① 赵勇:《性与暴力:从狂欢到娱乐——论西方影视的大众文化特性》,载《当代电影》2003年第3期。
② 张德琴:《论私性话题电视节目的隐私法律问题》,载《传媒》2012年第12期。

第二章 法律文化结构中的大众法律文化

对大众法律文化的把握,除了一般性的、源自大众文化的概念理解外,还需要将其放置在"法律文化"的结构空间中进行对比研究,毕竟,大众法律文化也是一种"法律文化"。

一般认为,有关法律文化研究肇始于20世纪60年代的美国,随后即成为一种重要的研究范畴和概念分析工具,埃尔曼的《比较法律文化》,霍贝尔的《原始人的法》,弗里德曼的《法律制度》,伯尔曼的《法律与宗教》《法律与革命》等,都是国内研究者耳熟能详的法律文化研究著作。就国内的法律文化研究而言,80年代初,伴随着"文化热",法律文化传入我国并迅速吸引了一部分中青年法学学者的注意力,一批法律文化研究成果迅速产生,代表性著作包括梁治平主编的《法律的文化解释》,刘作翔的《法律文化理论》,武树臣等编者的《中国传统法律文化》,

俞荣根的《文化与法文化》，公丕祥的《东方法律文化的历史逻辑》，张中秋的《中西法律文化比较研究》和《比较视野中的法律文化》等。

然而，何谓"法律文化"？在这个问题上实际有许多不同的理解，有学者经过归纳后发现，有关法律文化的解释或定义大约有二十多种，可归纳为五类：(1)法律文化是"由社会的物质生活条件决定的法律上层建筑的总称，即法律文化是法律意识形态以及与法律意识形态相适应的法律制度、组织、机构的总和"。(2)"法律文化是人类文化的组成部分之一，是社会上层建筑中有关法律思想、法律规范、法律设施、法律艺术等一系列法律实践及其成果的总和。它包括以往人类法律实践的结晶，又标志着现实法律实践的状态和发展程度"。(3)"法律文化是社会观念形态、群体生活方式、社会规范和制度中有关法律的那一部分以及文化总体功能作用于法制活动而产生的内容——法律观念形态、法律协调水平、法律知识沉积、法律文化总功能的总和"。(4)法律文化是"一定社会对于法或法律制度的观点和态度的形态，包括法律意识及法律制度运行机制等方面"。(5)法律文化是社会群体中存在的较为普遍的某些法律生活方式①。

我们认为，与所有的概念一样，法律文化并没有什么先验的内涵，其意义是给定的——给予法律文化什么释义，主要取决于研究者的认识和理论前提，特别是研究者

---

① 张文显：《法律文化的释义》，载《法学研究》1992年第5期。

为自己的工作设定的价值目标。正是基于这样一种认识,在本书中,我们更愿意采取一种狭义的将法律制度及其实践与法律文化相区分的理解,即"在国家产生后至现代社会开始前这个阶段,伴随社会的复杂化和各种要素的不断分化,法律现象开始从文化中分离出来,相对具有了自己的某些特征,法律文化与法律制度也开始分离,前者表现为观念形态,后者成为结构化的体制"①。

正是基于对法律文化这样的概念把握,在本章的以下部分,我们将以现代法律文化、传统法律文化、西方法律文化、精英法律文化、主导法律文化、民间法律文化等不同分类基础上的法律文化范畴为参照,系统比较其与大众法律文化的差异及内在关联,也许,通过这样一种比较,我们能够对现代大众法律文化的意义和特征加以更加清晰的说明与呈现。

一、大众法律文化与传统法律文化

必须看到,传统法律文化是法律文化研究极为重要的方面,在很大程度上,一些学者直接将"法律文化等同法律传统"②。高鸿钧教授提出:关于传统法律文化的研究可采用的方法很多,但有三种进路较为重要和常见。第一种是对某个法律传统进行独立研究,发掘其中法律

---

① 高鸿钧:《法律文化的语义、语境及其中国问题》,载《中国法学》2007年第4期。
② 高鸿钧:《法律文化的语义、语境及其中国问题》,载《中国法学》2007年第4期。

文化的主要特征,这种方法被"纵向连缀法"。第二种是韦伯式的类型化方法,即通过建立一些"理想类型"基点和线索,对法律文化进行跨文化的比较研究,这种方法被称作"视点穿越法"。第三种是我们所熟悉的马克思主义历史唯物主义方法,即根据生产方式的内在特征把人类社会分成不同的历史类型,通过对特定历史类型的研究来揭示和分析特定法律制度和法律文化的特征,这种方法被称作"横向切割法"。高鸿钧教授认为,上述三种进路在研究上各有优势:第一种进路更多地会发现不同文明、民族或国家法律文化的独特性;第二种进路既会注意到不同文明、民族或国家法律文化的差异又会发现它们的相同之处;第三种进路则更多地会看到处于同一历史类型中不同文明、民族或国家的法律文化的相同之处[①]。

我们认为,从上述三种研究进路出发,特别以第三种进路为主要方法,可以发现,传统法律文化与大众法律文化有着明显的区别,主要包含以下几个方面:

1. 产生基础不同

按照马克思主义历史唯物主义的理解,作为上层建筑,传统法律文化生成于自然经济物质生活条件之中。譬如,就西方而言,西方传统法律文化与工业革命之前的西方封建社会生产方式密切联系,而中国的传统法律文化则直接生长于从战国至清末的两千年农业社会土壤。

与此不同,作为现代大众文化的组成部分,现代大众

---

① 高鸿钧:《法律文化的语义、语境及其中国问题》,载《中国法学》2007年第4期。

法律文化直接产生于现代工业和大众社会基础之上,现代工业的发展及其带来的法理性统治扩展与法律大众的出现是大众法律文化产生的前提条件——就西方来说,在工业革命和法律大众出现之前无所谓"大众法律文化";就中国而言,"传统中国没有形成大众法律文化"①。

当然,我们也要看到,虽然传统法律文化与大众法律文化在产生基础上存在差异,但这并不意味着传统法律文化会随着自然经济的消亡而立即消亡。关于这一点,我们不妨再一次来读《〈政治经济学批判〉导言》中的这一段我们再熟悉不过的话:"关于艺术,大家知道,它的一定的繁盛时期决不是同社会的一般发展成比例的,因而也决不是同仿佛是社会组织的骨骼的物质基础的一般发展成比例的。"②

2. 内容不同

由于传统法律文化传统生成于自然经济之上,因此,传统法律文化在总体内容上只能是自然经济条件下法律观念的集合——虽然这些法律观念在内容上具有复杂性,既包含对传统法律实践持肯定态度的主流的传统法律文化部分,也包含对传统法律实践颇有微词的非主流的传统法律文化部分,然而,无论哪种样态的传统法律文化都受到自然经济下传统道德、宗教话语的深度支配。也许,正是基于这种原因,在分析体现传统法律文化内容的"元杂剧"时,苏力教授才会感慨"某些传统戏剧尽管对

---

① 李交发:《法律文化散论》,人民法院出版社2004年版,第312页。
② 《马克思恩格斯选集》(第1卷),人民出版社1995年版,第28页。

传统社会包括对社会中的主流道德话语也有所挑战,但是总体看来,这种挑战远不如其对于这种主流话语的肯定和重申","无论是《窦娥冤》《赵氏孤儿》《灰阑记》《魔合罗》《十五贯》还是其他不那么知名的戏剧中都凝结了传统中国社会的主流道德话语,善恶、忠孝、三纲五常"①。

大众法律文化则与传统法律文化在内容上明显区分——大众法律文化主要围绕现代法律话语和法律实践而展开,包含着对现代法律话语和法律实践的描述、思考甚至批判——"法治""公平""正义""人权"因而构成现代大众法律文化呈现的核心词汇。

当然,这里需要说明的是,为了实现其娱乐和商业效果,现代大众法律文化亦有可能从传统法律文化中寻找"资源",然而,这种"资源寻找"归根到底并不是为传播传统法律文化而做的工作。同时,在呈现方式上,出现在大众法律文化的传统法律文化亦不再是"原汁原味"——被现代法律话语进行审视和解构是一种经常的状态。

3. 载体不同

依据麦克卢汉的理论,以媒介所提供信息的清晰度和主体的参与程度可以将媒介分为"冷媒介"与"热媒介","热媒介只是延伸一种感觉,并使之具有'高清晰度'。高清晰度是充满数据的状态……言语是一种低清晰度的冷媒介,因为它提供的信息少得可怜,大量的信息还得由听话人自己去填补。与此相反,热媒介并不留下

---

① 苏力:《作为社会控制的文学与法律——从元杂剧切入》,载《北大法律评论》2005年第1期。

那么多空白让接受者去填补或完成。因此,热媒介要求的参与程度低;冷媒介要求的参与程度高,要求接受者完成的信息多"①。

就传统法律文化而言,由于其传播主要依赖印刷品,而印刷品是以单纯的文字呈现内容,因而其所提供的信息清晰度低,在信息解读上需要主体调动更多感官进行填补,需要借助人的想象力来进行再加工和再创造,因此是一种典型的"冷媒介"传播。

与此相反,现代大众法律文化则主要借助"热媒介"传播:一方面,现代工业的发展使大众法律文化在技术上不需要以印刷媒介为主要的制作和传播方式——电影、电视、网络为大众法律文化传播提供了更加丰富的制作与传播手段,这些新的传播技术就是所谓"热媒介",其超文本互动功能借助文字、图像、声音等能够对信息进行全面、细致的解读,尤其善于密集地使用图像,其承载的信息多是充满数据的高清晰状态。另一方面,在商业利益的驱动下,大众法律文化也愿意与这些电子媒介进行深度"合作",毕竟,通过新的大众传播手段,围绕现代法律实践而形成场景与故事可以更直观地展现在大众面前,大众可以由此获得更为满足的娱乐体验,而大众法律文化也可以借此得到更为广泛的传播,形成产业,并最终实现商业利益的最大化。

---

① [加拿大]马歇尔·麦克卢汉:《理解媒介——论人的延伸》,何道宽译,商务印书馆2000年版,第51页。

二、大众法律文化与现代法律文化

一般认为,与传统法律文化相对应的最直接概念应该是"现代法律文化",然而当我们以"现代法律文化"为主题词进行论著搜索时,竟然论者寥寥,其中原因颇值得玩味。当然,这一情况的出现并不直接影响本部分的讨论——虽然学者们对现代法律文化鲜有论及,但对有关法律现代性问题的讨论却颇多。譬如,有学者认为,法的现代性存在八大要素,即公开性、自治性、普遍性、层次性或称道德性、确定性、可诉性、合理性、权威性①;有学者则提出在中国,法的现代性存在"十大困境"②;更有学者颇为悲观地将法的现代性看作"一个虚构的理论神话",认为"这种出自现代西方人的'中世纪叙事',跟当代中国的法律与法治没有什么内在的关联,换言之,现代性与中国法是两个不相干的事物,如果我们让现代性来指引中国法律与法治的方向,那就相当于让上帝来指引法律与法治的方向"③。

---

① 葛洪义:《法律与理性——法的现代性问题解读》,法律出版社 2001 年版,第 5 页。
② 即所谓"老师打学生的尴尬、普适性原则与地方性知识何去何从、国家主权与法律全球化的消长、平等与身份的对峙、社会至上与保障权利的对抗、单位金字塔与公共交往理性的不谐、政治权威与法律权威的抗衡、法律工具性主张和规范性需求的紧张、刀把子定位和司法独立难协、法律统一与地方利益的冲突"。参见喻中:《法的现代性:一个虚构的理论神话》,载《法律科学》2013 年第 5 期。参见周永坤:《论中国法的现代性十大困境》,载《法学》2006 年第 6 期。
③ 喻中:《法的现代性:一个虚构的理论神话》,载《法律科学》2013 年第 5 期。

我们认为,必须将现代法律文化看作与"法的现代性"具有密切关联性的范畴——如果我们不将"法的现代性"五字严格限定在西方价值之上,同时承认哈贝马斯意义上的"沟通理性"的存在,那么,所谓的"现代法律文化"说到底就是立基于现代法律之上,具有鲜明的时代性,同时具有相当程度的包容性文化体系。

具体而言,现代法律文化实际包含三方面特征:

首先,现代法律文化是立基于现代法律之上的法律文化。有学者通过分析弗里德曼《选择的共和国:法律、权威与文化》"现代法律文化"一章,明确指出:"弗里德曼笔下的现代法律文化意蕴主要是:(1)权利本位。(2)自由优先。(3)选择至上。(4)宽容为怀。其中核心特征是个人主义和自由选择。"[①]从上述分析我们可以发现,弗里德曼眼中的现代法律文化说到底是一种伴随着现代法律及其实践而生成发展的文化形态,现代法律文化与现代法律的价值诉求密切联系,抛却现代法律,现代法律文化的概念无从谈起。

其次,现代法律文化一定是伴生现代社会的法律文化形态。什么是现代社会,其对法律影响如何?对此,有学者作了高度概括,即,现代社会"指在科学技术和人文主义精神支撑下生发出来的一个不同于古代的社会,这是一个在物质、制度、精神层面都与古代不同的社会。就其制度层面来说,就是以理性和个体自由为目标建构起

---

① 高鸿钧:《法律文化的语义、语境及其中国问题》,载《中国法学》2007年第4期。

来的一系列制度,主要是民主的政治制度、自由的经济制度以及与此相关的形式化的官僚管理系统,等等。就其精神来说,就是对人的尊重,对个体的尊重。这样一个社会自然发育出一套不同于古代的法律,同时这一法律成为现代社会生发的制度与精神力量,成为现代社会的一个重要组成部分与标志"①。

我们认为,就现代法律文化而言,现代社会不仅构成现代法律文化产生的基本背景,也构成其产生的时间起点,在此之前,虽然可能产生与现代法律文化具有相似内容的法律观念甚至法律制度,然而这些法律观念或法律制度总体上处于萌芽和非主流状态,因此,我们不能将其看作一种独立的法律文化形态,更不能将其直接称为"现代法律文化"。

最后,现代法律文化是一种具有包容性的文化。必须指出,"弗里德曼对于现代法律文化基本特征或趋势的概括,是基于他对当代美国法律文化的观察和研究"②,然而现代法律文化"并非为西方所独享,其中所包含的价值是人类的共同财富"③。具体而言,由于现代性本身就是一个开放性的概念,因此,现代法律文化注定是不一而足的——在现代法律文化的大厦内不仅可以包容西方法律实践,亦可以包容东方法律实践,不仅可以包容资本主义

---

① 周永坤:《论中国法的现代性十大困境》,载《法学》2006年第6期。
② 高鸿钧:《法律文化的语义、语境及其中国问题》,载《中国法学》2007年第4期。
③ 高鸿钧:《法律文化的语义、语境及其中国问题》,载《中国法学》2007年第4期。

法律实践,亦可以包容社会主义法律实践,一句话,凡是能够历经"法的现代性"的审视与改造的法律文化,都可以归结为"现代法律文化"。

那么,大众法律文化与现代法律文化关系如何?

我们认为,基于以上现代法律文化理解,应将大众法律文化与现代法律文化看作一对具有交叉性的概念。

首先,两种文化具有极大的相似性:从时间背景而言,大众法律文化与现代法律文化具有共生性,即无论是现代法律文化还是大众法律文化都是现代社会产物,而在现代社会产生之前,他们都不是一种独立的法律文化形态;从内容而言,二者都围绕现代法律实践和法律话语而展开,现代法律实践和法律话语是这两种文化的主要"素材"所在;最后,从本质来说,两种法律文化都强调"个人"属性,而这种"个人"属性的强调又与市民社会或市场经济的需求密切相关。

然而,在另一方面,两种法律文化的不同点也是明显的。概言之,大众法律文化不一定是现代法律文化,而现代法律文化也并不必然是大众法律文化。

首先,大众法律文化的兴起直接源于乡村的解体和大众的形成,即"先有大众社会再有大众法律文化",大众社会个体的疏离状态,要求通过大众文化选取法律素材满足"个体"的精神需求。而对于现代法律文化而言,其直接源于现代法律的形成,即"先有现代法律再有现代法律文化"。现代法律围绕现代市场经济形成,突出在于保护个体的权利,特别是个体的财产权,而现代法律文化正是契合于这种要求而产生,其直接与传统法律文化所支持的人治、义务本位等观念相对抗。

其次,二者在观念层面存在重大差异。就大众法律文化而言,其虽然张扬"个人"需要的满足,但在观念层面对待现代法律实践和法律话语的态度却是复杂的,对于法治、权利等现代性法律观念既可能支持,也可能反对甚至嘲弄,而所有这些态度最终取决于是否可以达到娱乐的效果及实现商业利益。现代法律文化在观念层面则较为统一,是否符合"法的现代性"的要求是甄别现代法律文化的基本条件,换句话说,现代法律文化并不以满足"大众"需求为目标,维护和传播"法的现代性"才是现代法律文化基本功能所在。

最后,从技术手段而言,大众法律文化更多借用现代传播手段,以增强其娱乐性,帮助其实现商业效果。而现代法律文化则并不具有此种特征,虽然随着传播手段的不断进步,现代法律文化亦会越来越多地采用现代传播方式,然而,由于缺少商业推动,在对技术手段敏感性上,现代法律文化往往逊于大众法律文化。

三、大众法律文化与西方法律文化

总体而言,"西方法律文化"是当下法律文化研究经常出现却又缺少界定的概念,似乎在中西方法律文化(传统)对比的分析框架内,西方法律文化是一个不言自明的概念,而对于读者而言,也总能理解和把握论者的所指。然而,细究起来,"西方法律文化"又是模糊的,其包含多个需要回答的问题,譬如"西方法律文化"特质是什么?作为一种独立的法律文化形态,"西方法律文化"的起点是哪里?甚至,当我们把某种法律文化冠以一个地域性的"西方"概念时,"西方"究竟所指为何?

我们认为,如果以所谓"使用即意义"为原则,当下中国学者所讨论的西方法律文化实际包含如下内容:

第一,从地域而言,在很多情况下,西方法律文化是英美法系与大陆法系的法律文化的通称,然而,从典型来说,西方法律文化又主要指西方发达资本主义国家的法律文化,具体则包括美国、英国、德国、法国、日本等国家的法律文化,他们构成西方法律文化的核心所指。相比较而言,其他归属于两大法系的不发达国家的法律文化在西方法律文化概念框架中则处于边缘,不具有说服力。

第二,从时间段而言,西方法律文化是一个长时段概念,其以古希腊、古罗马法律文化为源头,历经中世纪与文艺复兴和近代资产阶级革命而形成,包括传统法律文化与当代法律文化两大组成部分。或者说,传统西方法律文化与当代西方法律文化具有从观念到制度的内在关联性。"西方法律文化源于具有自由开放精神的希腊法和具有个体主义特征的罗马法,形成了保护个人权利自由的历史传统"[①]。

第三,从内容而言,当代西方法律文化是现代法律文化诞生的母体,即"从文化间的比较来看,相对于其他非

---

① 汤唯、于飞:《中华法律文化与西方法律文化传统比较研究》,载《新疆大学学报》1996年第3期。

西方社会的法律(譬如中国传统法律),西方现代社会这种类型的法律,亦即具有高度形式理性化的、高度的可预计性的实定法,是西方社会所独有的,是现代西方之所以成为现代西方的重要指标之一"①。换句话说,西方法律的现代性构成当代西方法律文化的重要组成部分,现代法律文化正是从当代西方法律文化孕育出来,并在世界范围内传播生长。

需要注意的是,这里有一种极端的现象,在一些论者的眼中,当代西方法律文化就是现代法律文化的代名词,然而,在本书中,我们更愿意将当代西方法律文化与现代法律文化看作两个各具包容性的概念——虽然二者几乎同时产生,然而却在不同方向上丰富发展了概念内涵,并呈现出不同交叉形态。

就当代西方法律文化而言,本书认为,虽然当代西方法律文化在主流上是一种"现代法律文化",然而时间的变化以及经济、社会、法律文化自身的发展却又使当代西方法律文化无法局限于"现代性"框架之内——时至今日,我们发现,当代西方法律文化既有对传统法律文化的"怀旧"的部分,亦有对现代法律文化的"批判"及至"后现代"的法律文化部分,这些法律文化不仅共同成为当代西方法律文化的组成部分,同时共同影响了西方法律话语的现实表达甚至法律实践本身,当代西方法律文化因此在概念上与现代法律文化概念获得区分。

---

① 林端:《中西法律文化的对比——韦伯与滋贺秀三的比较》,载《法制与社会发展》2004年第6期。

就大众法律文化而言,我们认为大众法律文化与西方法律文化有如下关系:

首先,大众法律文化是当代西方法律文化的重要文化形态。如上所说,现代大众法律文化诞生于近代西方,因此,传统西方法律文化中不存在大众法律文化,大众法律文化是当代西方法律文化的文化形态。另一方面,由于市场经济的推动,相比较其他法律文化形态,大众法律文化已然构成当代西方法律文化中最重要的法律文化形态,甚至成为当代西方法律文化的标志。譬如,"在现代流行的美国好莱坞法律电影类型中,我们不但能够看到诸多美国电影与美国司法审判、案例紧密结合,呈现出独特的大众法律文化内涵,并且也能够较为直观地对美国法律文化进行表达"①。

其次,大众法律文化已跨出西方法律文化的范畴。必须看到,随着文化全球化和大众法律文化在世界范围内的传播,大众法律文化早已跨越出西方法律文化的范畴,并在其他非西方国家的法律文化中占据了重要位置。或者说,大众法律文化虽然来自于西方,但由于"文化在本质上是现实的反映,是社会实践、社会结构、社会变化等客观存在的观念形态的存在,而不是超验的抽象的"②,因此,当今世界的大众法律文化早已成为蕴含多样性的民族的大众法律文化、地方的大众法律文化。一句话,只

---

① 樊硕:《法律电影视野下的美国法律文化探讨》,载《电影文学》2013年第15期。
② 金民卿:《文化全球化与中国大众文化》,人民出版社2004年版,第60页。

要存在着不同的法律实践体系、法律文化认同体系和法律价值体系,也就必然存在着不同的大众法律文化样态、大众法律文化种类、大众法律文化模式。

四、大众法律文化与精英法律文化

"没有大众的文化参与,就没有大众文化"①。虽然在当下的大众文化研究中,学者们对"大众是谁"及对大众文化应该采取什么样的态度有着不同的观点,然而将大众文化看作与精英文化相对立的概念却是一个基本的共识。

一般来说,所谓"精英",主要是指居于社会各领域中具有多种身份和资源的重要人物,包括知识分子和上层管理者,而"大众"正是与"精英"相对的历史性概念,其特指普通的、大多数社会成员的地位、身份及其在社会关系中的位置。一般认为,最早使用"大众"这一概念的,恰恰是所谓"精英主义者"——他们一开始对"大众"是满怀着鄙夷和不屑的姿态的。譬如,在《法国革命论》一书中,柏克就曾刻画了"无知大众"的形象——在他的笔下,大众"是一伙逃亡黑奴,突然之间从因牢里跑了出来"②,在他们的暴力运动中,"法律被推翻了,法庭被颠覆,工业毫无生机,商业奄奄待毙;已经不纳税,但是人民却贫困了;教堂遭到洗劫,国家得不到休息;政治和军事的无政府状态

---

① 金民卿:《文化全球化与中国大众文化》,人民出版社 2004 年版,第175页。
② [英]柏克:《法国革命论》,商务印书馆1998年版,第47页。

成了王国中的宪法;一切人间的和神明的事物都为着公共声誉这个偶像而被牺牲了,其后果是国家破产"①。

正因为如此,在"大众文化"出现的早期,其贬义色彩也是明白无误的,而这一态度最早可以追溯到马休·阿诺德和F.R.利维斯所代表的英国精英文化传统。在1869年出版的《文化与无政府状态》中,阿诺德虽然没有系统深入地讨论大众文化的功能和后果,但却提出了一个明确的主张,即文化的重要功能在于培养一个有修养的中产阶级,而工人阶级总是处在"无政府状态"一边,总是处在文化的对立面上。显然,在这里他所说的这个有修养的中产阶级并非我们现在所谓的由工人阶级演化而来的那部分人,其实正是由统治阶层和知识分子阶层组成的精英分子。此后,作为文学批评家的利维斯于1930年出版了《大众文明与少数人文化》,在这本专著中他也明确提出,文化本来就应该是少数人的专利,文化一旦走向大众便是走向堕落了。此外,利维斯还对精英文化已处在大众文化的"敌对环境"中深感不安,于是他呼吁少数人要武装起来,精英分子要主动出击,抵制几乎无处不在、泛滥成灾的大众文化。

我们认为,从"大众"与"精英"或"大众文化"与"精英文化"的对立出发,"大众法律文化"与"精英法律文化"的概念区别是显而易见的。就精英法律文化而言,由于精英文化是指"知识分子阶层中的人文知识分子创造、传

---

① [英]柏克:《法国革命论》,商务印书馆1998年版,第51页。

播、分享的文化。'精英'是指社会为其设置专门职业或特殊身份的人文知识分子"①。因此,所谓精英法律文化实际就是在内容上涉及法律及各种法律现象的精英文化形态。就大众法律文化而言,虽然和大众文化一样,大众法律文化不能被简单视作一种"糟糕的文化",然而,大众文化所具有的"外部"特征却是不容抹杀的②。因此,不管人们对"大众法律文化"态度如何,"大众法律文化"仍然将站在"精英法律文化"的对立面,这是一个不会改变的事实。

具体而言,我们认为精英法律文化的两方面特征直接将其与大众法律文化区分开来:

1. 精英法律文化以理性判断为前提

承接精英文化的一般特征,精英法律文化的内容产生往往是精英借助其学科专业知识(可以是法学之外)对法律制度、司法判决、法律事件进行理性判断的结果,精英法律文化因此具有逻辑上的严谨性和价值判断上的说理性。具体而言,在现代社会,精英法律文化出现的时机往往是面对一些突发性案件和事件时,呈现在各种媒体上的,包括学者、律师、法官等"专家"的观点。

而大众法律文化则不具有这样的特征。作为大众文化的组成部分,在商业利益的推动下,大众传媒为了在最

---

① 高丙中:《精英文化、大众文化、民间文化:中国文化群体的差异及其变迁》,载《社会科学战线》1996年第2期。
② [美]劳伦斯·M.弗里德曼:《法律、法律家和大众文化》,刘忠慈译,载《法学译丛》1990年第2期。

短的时间内引起"大众"的关注,在面对具体法律事件和法律现象时,往往倾向于迅速对"事实"进行剪裁并加以判断与渲染,甚至进行所谓的"媒体审判"①。同时,经过大众的"解码",大众法律文化在实际的传播过程中又常常呈现出强烈的价值独断性与情绪宣泄性,朴素的道德乃至"非法"的法律认识因此构成大众法律文化的重要基础。

2. 精英法律文化具有较为稳定的意义空间

一般来说,"精英文化要求传媒积极履行教育、启迪受众的职能,通过树立伦理道德、价值观念、行为规范等理想的生活模型或富有责任感的批判现实、思考未来,引导人们更健康、更积极的生活。"②因此,精英法律文化往往以真善美为核心,对法律具有较为明确的意义判断与指向——其既可能持一种积极建构的态度,以提供一种理想的法律制度为目标,亦可能对法律现象甚至法律制度本身进行批判。相比之下,基于商业与娱乐性特征,大众法律文化则以让受众获得精神愉悦和发泄为目标,意义空间较为多元和易变,同时也有承载更多意义的可能性。

---

① "媒体审判"出自美国,指新闻报道形成某种舆论压力,妨碍司法独立与公正的行为,也称"媒介审判"(Trial by media)。"媒体审判"具有三个基本特征,"一是盖棺论定,先入为主,二是缺乏理性,煽情主义,三是用语不当,'义愤填膺'"。参见周知:《新闻倾向性与媒体审判探析》,载《新闻知识》2010年第4期;李培林、汤天明:《畸变的新闻价值——谈谈对媒体审判的认识》,载《新闻知识》2004年第8期。

② 刘徐州:《法律传播学》,湖南人民出版社2010年版,第130页。

精英法律文化与大众法律文化的这种差异直接带来两种法律文化形态对不同法律事件、法律现象关注聚焦的差异,譬如,就当下中国来说,近年来,学术界热议的"司法民主""司法独立"等话题并没有引起媒体多少关注,而每年由媒体评出的各种所谓"十大案件",则又被法律专业人士斥之为"法律意义不足"。

这里还有一点需要作出特别的说明,在本书看来,"精英法律文化"是一个与弗里德曼所提的"内部法律文化"非常接近的概念范畴,但我们却不能将其完全等同于"内部法律文化",这是因为,弗里德曼所描述的"内部法律文化"的持有者往往具有法学学科背景,并以所谓"法律信仰"为前提,其"既不知晓也不关心法律的未来结果,他们所关注的是法律权威和威望"①。显然,这样的"内部法律文化"的概念外延比"精英法律文化"要窄。

五、大众法律文化与主导法律文化

按照一般的理解,主导文化是指贯彻了统治阶级价值观及价值体系的文化。根据这一理解,我们认为,主导性法律文化即反映统治阶级利益和意志的法律文化,其以旨在宣传、论证、传播、强化统治阶级的法律意识形态为核心,并在法律文化的整体结构中居于主导地位。

概括而言,主导法律文化与大众法律文化有四点区别:

---

① [意]D.奈尔肯:《法律适应的社会学探讨》,载 D.奈尔肯、J.菲斯特编《法律移植与法律文化》,清华大学出版社 2006 年版,第 18 页。

第一,两种法律文化的"生产者"不同。正如英国马克思主义文化理论家雷蒙·威廉斯所概括的那样,主导文化"是指中心的、实际的和主导的意义和价值体系,在我们的社会里,这些意义和价值不是抽象的,而是有组织的和为人们所亲历体行的"①。换句话说,主导文化的"主导性"不是天然获得的,它不能像大众文化那样自生自长甚至自灭,其需要通过权力话语的力量使其合法化。"完全依靠民间力量建成主导文化史无前例,今后也不会出现"②。

具体来说,主导法律文化的产生在本质上是统治阶级运用其法律理论,通过公共权力积极构建的结果,其突出体现了特定时代的主流价值观及其核心价值体系。而大众法律文化的生产者则是商业力量,是商业力量通过市场推向大众的法律文化"商品",虽然这种法律文化商品经过大众的"解码"可能会与"生产者"的初衷发生背离,甚至可能没有为其生产者带来预期的商业利益,但这并不能掩盖其"生产者"的特定性。

第二,两种法律文化的目的性不同。一般而言,统治阶级之所以要创造主导文化,其直接目的就是要通过主导文化,将其意志贯彻于整体生活方式中,同时,引领国内各民族、各社会阶级和阶层、不同性别、不同年龄人们的生活风尚,并进一步维护其政治上的统治。而作为主

---

① [英]雷蒙·威廉斯:《马克思主义与文学》,王尔勃、周莉译,河南大学出版社2008年版,第130页。
② 刘志友:《论主导文化》,载《陕西师范大学学报》2010年第11期。

导文化的组成部分,主导法律文化的"目的性"则更为直接和明显——主导法律文化"就是实现社会控制,保持一种有利于政治统治集团的政治秩序和社会秩序"[①]。或者说,主导法律文化的主要目的在于为统治阶级的法律实践提供"合法性"支撑,而这种支撑既包括在基础层面认同统治阶级政权合法性,也包括从具体法理层面认同已经制定并颁布生效的法律规范,同时还包括为法律的进一步修改完善与法律实践的变革提供规定性的文化资源。

大众法律文化则将商业利益的实现作为其目标,虽然从现实层面而言,大众法律文化同样有可能影响立法、司法等法律实践,同样有可能对统治阶级的统治"合法性"产生影响,然而这些影响是不确定的,同时也不是大众文化"生产者"的直接目的。充其量,这种影响仅仅是大众法律文化在追求商业利益过程中形成的"副产品"——更常见的情况则是大众法律文化对统治权力合法性进行嘲讽。譬如,有学者指出,即使在大众法律文化与主流意识形态高度契合的美国,一些打上浓厚大众法律文化标签的电影(如《鹈鹕案卷》《连锁阴谋》)"表达的就是对政府权力运作的不信任"[②]。

第三,两种法律文化的传播方式与传播手段不同。由于主导文化是由统治阶级构建出来的文化样态,因此,

[①] 刘作翔:《法律文化理论》,商务印书馆1999年版,第160页。
[②] 程波:《论美国大众法律文化特性在法律电影中的表达》,载《湖南商学院学报》2006年第5期。

作为主导文化的组成部分,主导性法律文化的传播主要是一个自上而下的路径,即所谓由政治上层到社会大众的"灌输"过程,而在传播手段上,主导性法律文化更是具有一定的强制性甚至暴力性。譬如,在某种意义上,我们可以将每一次案件审理(罚款、拘留、拘役、有期徒刑、无期徒刑乃至死刑)的判决执行过程都看作主导性法律文化的传播过程。通过这一过程,统治阶级的法律意识形态得到有力贯彻,而其背后的核心价值也随之得到了彰显。

而大众法律文化的传播路径则恰恰相反。由于大众法律文化产生于商业机制,因此其起点是基层的,而其最初传播路径则是通过商业渠道,在电影院、电视、网络等空间内进行"平行"传播。当然,伴随着影响力的扩大,大众法律文化可能"向上"传播,甚至可能出现"政治和商业机制自上而下强加给大众"①的效果,然而,与主导性法律文化相比,这种可能性是偏小的,同时其传播过程中的强制和暴力因素几乎可以忽略不计。

第四,二者的地位不同。一般而言,对主导文化的"主导"二字的一个基本理解在于主导文化在所有文化类型中具有支配地位,在公共权力的支持下,主导文化实际引导、评价、规范、推动、制约着其他文化,并对政治、经济产生巨大影响。具体来说,主导法律文化同样在整个法律文化系统中处于支配地位——这种支配地位并不简单

---

① 陆扬、王毅:《文化研究导论》,复旦大学出版社2009年版,第260页。

在于主导法律文化"受众"的数量,而在于任何其他法律文化形态都要接受主导法律文化的评估与判断,与主导法律文化背道而驰的文化内容必然受到公共权力的挤压和摒弃。同时,"统治阶级总是以占主导地位的法律文化作为社会成员的价值标准与行为准则"[①],因此,绝大多数社会成员都将从主导法律文化而不是其他法律文化中"寻找自己判断是非的标准和尺度"[②]。

对于大众法律文化而言,一方面,由于大众法律文化的商业和娱乐本性,其可能会拥有广泛的"受众",甚至也会对政治经济产生较大的影响力,然而,从最终意义而言,大众法律文化却不能脱离主导法律文化的控制,其必须接受主导法律文化的评价与审视——大众法律文化即使对法律实践产生了影响,其影响也不是通过明确的制度性通道而获得的。另一方面,由于大众法律文化在商业利益的推动下可能对现有政治架构产生消极影响,因此大众法律文化并不能获得公共权力的当然支持与保护,或者说,公共权力对待大众法律文化的态度是选择性的,这种选择在总体上只能以主导法律文化为标准。

六、大众法律文化与民间法律文化

民间法律文化属于民间文化范畴。所谓民间文化是指"由广大劳动群众创造、并在特定的社会群体中流行的、反映劳动群众特殊的生产技能和生活实际的文化类

---

① 刘作翔:《法律文化理论》,商务印书馆 1999 年版,第 160 页。
② 刘作翔:《法律文化理论》,商务印书馆 1999 年版,第 160 页。

型,它和特定时空中的社会群体相关。"①一般认为,民间文化有下述属性:

(1)不记名,非职业的,也就没有谁能从中博取金钱和名誉;

(2)与特定情境相联系,不包含情境外的功能,就是为情境中的人及其活动的;

(3)其中的一些部分,尤其是风俗习惯、象征符号,是悠久的传统②。

实际上,在大众文化研究中,"大众文化不同于民间文化"已是一个"共识",即作为一种节奏缓慢、群体生产和消费、依靠人际传播的文化,民间文化"只是在前工业时代才能够真正存在",③民间文化因此又被称为"民俗文化(都是指 folk culture)、乡土文化(在中国,它是在乡土社会定型的)、口承文化(因为它主要是通过口头语言和人际交往传播的)"④。民间文化虽然也有新内容不断产生,但是,它在总体上是历史的产物,所以它在从农业社会向工业社会转型的过程中始终是被改造的对象。大众文化则是在人类社会进入工业化之后,在商品市场经济

---

① 金民卿:《文化全球化与中国大众文化》,人民出版社 2004 年版,第 173 页。
② 参见高丙中:《精英文化、大众文化、民间文化:中国文化群体的差异及其变迁》,载《社会科学战线》1996 年第 2 期。
③ 金民卿:《文化全球化与中国大众文化》,人民出版社 2004 年版,第 173 页。
④ 高丙中:《精英文化、大众文化、民间文化:中国文化群体的差异及其变迁》,载《社会科学战线》1996 年第 2 期。

条件下产生发展起来的①,大众文化的创作主体并不是大众,而是商业机制。大众文化的传播主要依赖大众传媒。

具体到民间法律文化和大众法律文化,我们认为,民间法律文化和大众法律文化有着特殊的关系。

首先,二者都具有极强的"外部法律文化"特征。如果按照弗里德曼对"外部法律文化"的界说,无论"大众"还是"民间"都不是"法律人",他们对法律的了解与把握是非系统和情绪划定的,因此大众法律文化和民间法律文化都是"外部法律文化"。

当然,如果细究起来,两种"外部"的差异也是明显的。就"民间法律文化"来说,由于"民间"所属人群往往局限于所谓传统社会状态下的"劳动群体",而这一群体从总体而言是同质和静态的,其更多的感受是传统社会的法律与法律现象,因此,民间法律文化更多地兼容了传统法律文化的内容。譬如,在拉美国家,"人们以前只认为强奸是一种伤风败俗和有失体面的罪行"②,并没有从侵犯个人性和尊严的角度进行对待;而中国民间法律文化更是包含了极强的所谓"伦理法文化"特质③。

就"大众法律文化"来说,由于"大众"主要指已经对现代法律有所感知,并遭遇现代"法理统治"的现代法律

---

① 陆杨、王毅:《文化研究导论》,复旦大学出版社2009年版,第264页。
② [美]玛拉·赫德:《拉丁美洲的文化、体制与男女不平等》,载塞缪尔·亨廷顿、劳伦斯·哈里森主编:《文化的重要作用——价值观影响人类进步》,新华出版社2010年版,第252页。
③ 即所谓法律与宗教、伦理规范和风俗习惯等含混不分,道德劝诫和法律命令没有被形式化地界定清楚。

大众(虽然他们并没有接受系统的法律训练,也没有建立起真正意义上的法律信仰),因此,大众法律文化与市场机制的密切联系,显现出现代性、世俗性、兼容性和不确定性等特征。

其次,二者具有内在"亲和性"。我们必须看到,从某种意义而言,从传统到现代的社会转型,就是传统"劳动群体"向现代"法律大众"的转变过程,是本来附着在家族、村社、行帮、宗教社团之上的普通民众解散、以另一种面目重现的过程。而在此过程及其之后,后者对前者往往有着深刻的记忆——大众法律文化与民间法律文化之间的内在的亲和力(特别是相对于精英法律文化而言)由此生成。

我们认为,大众法律文化与民间法律文化之间的亲和力首先表现在现代大众法律文化生产者极易从民间法律文化中挖掘资源,产生出实质上仍是大众法律文化的"民间法律文化产业"。譬如,在我国的影视剧中,一个常见的"民间法律文化产业"主题即对所谓民间法律文化中的人物和故事的重新演绎与挖掘,"包青天""狄仁杰"是此类大众文化作品的典型代表。

当然,当我们指出民间法律文化与传统社会的共性及关联性时,并不意味着现代社会不存在民间法律文化,同时,也没有将民间法律文化与传统法律文化画上等号。就前一个问题而言,我们认为,即使在现代社会,也存在着与传统社会生产方式更靠近的人群和地域,这是民间文化和民间法律文化依然存在的一个重要原因,而文化的传承与延续性也决定了现代社会不可能完全消弭民间法律文化。就后一个问题而言,民间法律文化和传统法律文化虽然都产生于传统社会,但后者在外延上还包括了传统法律文化的"内部视角"。譬如,对古代法律制度及其法律实践就属于传统法律文化,但却不属于民间法律文化。此外,民间法律文化即使延续到当下也显现出极强的地域性特征。譬如,作为民间法律文化制度层面的体现,民间法"往往出自特定的社会区域的人类群体和组织,只对该地区的全体成员有效,作用范围非常有限,有的仅适用于一个村镇"①,而民间法律文化的这一特征传统法律文化却不具有。

---

① 田成有:《法律社会学的学理与运用》,中国检察出版社2002年版,第100页。

第三章　大众法律文化在当下中国的兴起

20 世纪以来,随着中国社会政治经济的巨大变迁,中国文化发展翻开了崭新的一页,"大众文化的萌生发展,构成了中国文化变迁的重要内容"①;"在 20 世纪与 21 世纪交替的历史性时刻,中国文化面临深刻转型,其最为重要的标志或许就是大众文化的兴起"②。就法律文化而言,其同样"经历了一个由传统向现代,由封闭向开放,由一元向多元的历史转型和发展时期"③,而在这其中,大众法律文化的兴起无疑构成当下中国法律文化发展的一个

---

① 金民卿:《文化全球化与中国大众文化》,人民出版社 2004 年版,第 200 页。大众文化研究者认为,中国大众文化的真正产生和发展,是 20 世纪 70 年代末以后随着改革开放事业的推进开始的,到 20 世纪 90 年代早期,"中国大众文化已成为中国文化市场上的一股劲风,吸引了社会文化大众的注意力",参见金民卿:《文化全球化与中国大众文化》,人民出版社 2004 年版,第 209 页。
② 陶东风:《大众文化教程》,广西师范大学出版社 2011 年版,前言第 1 页。
③ 刘作翔:《法律文化理论》,商务印书馆 2004 年版,第 311 页。

重要方面,其内在逻辑或如舒国滢先生所概括的那样,"大众文化(或通俗文化)已极为有力而有效地取代了原有的主流文化与精英文化,成了不断日常生活化的意识形态的构造者和主要承担者,并气势汹汹地要求在多元的社会主流文化中占有一席显位";"我们在讨论中国的法治建构时,也根本无法回避'大众化'现象。无论是关于'建立社会主义市场经济法律体系'的设计,还是关于'公民权与人权''市民社会与市民法(民法)''法与道德',乃至'市场经济形成中的犯罪违法现象'的言谈,都不可能不与'大众化'问题相勾连"。

一、大众法律文化在当下中国兴起的原因

(一)社会转型与"法律大众"的出现

我们认为,大众法律文化肇始于20世纪70年代末,其根本原因之一就是中国社会从计划经济向市场经济转型——正是伴随着社会转型,中国的"法律大众"群体出现了,大众法律文化亦随之兴起。

众所周知,1949年中华人民共和国成立后,中国的社会主义改造和建设,一直贯彻着计划经济的思想,全部的经济增长和经济发展也都是在计划经济的模式下取得的。"这个高度集中的计划经济发展模式是不符合我国国情的,它在创造了一定经济成就的同时也造成了很多的失误并因此遭受了巨大的损失"①。十一届三中全会

---

① 张百顺、陈洪江:《中国市场经济的发展及其当代意义》,载《前沿》2010年第11期。

后,"计划调节和市场调节相结合,以计划调节为主"方针的提出第一次使市场调节在经济运行中取得了一席之地,市场经济获得初步发展。1992年,邓小平视察南方时提出:"计划多一点还是市场多一点,不是社会主义与资本主义的本质区别"①,这个论断不仅突破了传统的社会主义经济理论与经济模式,从根本上解除了把计划经济和市场经济看作属于社会基本制度范畴的思想束缚,同时也在实际上促成中国市场经济的蓬勃发展。及至1992年,中共十四大明确提出,"我国经济体制改革的目标是建立社会主义市场经济体制,以利于进一步解放和发展生产力",市场经济地位正式得到确立。

我们认为,正是市场经济地位的确立及其发展带来了中国"法律大众"群体的出现:一方面,伴随着商品经济、市场经济格局下对"个人"的强调,从20世纪80年代开始,人的主体性开始被重新发现,出现了所谓"主体意识觉醒"时期②,到了90年代,市场经济发展及个人的经济动机的进一步合法化,使得"每一个个体获得了选择与决策的广泛的机会"③,一个符合现代"大众社会"定义的"大众"群体开始出现。另一方面,在市场经济条件下,由于"市场经济就是法治经济",人们必然更多地将目光投之于法律,于是,伴随着大规模立法与持续不断的司法改

---

① 《邓小平文选》(第3卷),人民出版社,1993年版,第373页。
② 一般认为"主体意识觉醒"的基本特征即在于寻找自我与个性的出口,释放被长期压抑的感性欲望。
③ 赵修义:《主体觉醒和个人权利意识的增长——当代中国社会思潮的观念史考察》,载《华东师范大学学报(哲学社会科学版)》2003年第3期。

革及普法教育,法律在社会生活中的影响力日益增强——越来越多的"大众"开始就立法、司法及其他法律事件进行交流、对话甚至质疑他人、表达自己的意见和诉求,"法律大众"由此形成。

"法律大众"的出现直接推动了大众法律文化的兴起。首先,法律大众对"法律"及"法律现象"的关注使正在成长中的、市场经济条件下的文化产品的创造者发现了法律文化产品背后蕴藏的"商机",他们敏锐地意识到,通过向"法律大众"生产和出售"大众法律文化"产品将获得可观的经济回报,而且,随着法律在现代生活中地位日益提高,"法律大众"的人群还会不断增长[1],"大众法律文化"产品的经济回报率必将更高。其次,"法律"及"法律现象"也的确存在与"大众文化"联姻,进行娱乐性包装的空间——正如我们在本书第一章所讨论的那样,法律及法律现象往往蕴含着与百姓密切联系的社会矛盾、道德冲突,而这些社会矛盾、道德冲突恰恰构成了大众文化所乐于呈现的戏剧化、娱乐化的因素[2]。

---

[1] 笔者认为,就法律大众群体的形成而言,除了原有的城市人群迅速成长为法律大众,乡村人口也是"法律大众"的后备军——从20世纪80年代开始,伴随着市场的扩大及城市化进程的加速,大量中国乡村人口涌入城市打工,这些乡村人口本来处在信息活动边缘,受口口相传的民间法律文化影响,然而地域和工作的改变,使他们迅速转化为原子化的"个人",同时被现代商业媒体和法律所覆盖。

[2] 以电视为例,从20世纪80年代开始,随着电视普及,人们越来越"倾向选择那些大众化、人性化、适用性强、通俗娱乐的法制节目","法制节目悄然进行的娱乐化变革,并由此带来的新变化和新现象,引起了人们的普遍关注"。参见刘徐州:《法律传播学》,湖南人民出版社2010年版,第145页;王小嘉:《假日法制节目的娱乐化探索》,载《中国电视》2006年第4期。

于是,在上述两方面原因的"合力"下,大众法律文化迅速在中国兴起。以 2001 年在中央电视台一套黄金时间播出的 28 集电视连续剧《大法官》为例,该剧播出后博得不同层次观众的交口称赞,获得了巨大的成功。对此现象,当时就有学者进行了深入的原因分析,明确指出,"新世纪的中国观众,正处于一个法制逐步健全的社会,随着改革开放的深入,人们越来越强烈地意识到法律与自身的利益密切相关,对法律的认知欲望驱使着人们自觉或不自觉地关注与法律有关的一切。在这种情况下,以观众喜闻乐见的电视剧的方式来反映法律的执行者——法官的工作和生活,无疑能使观众在轻松自如的娱乐休闲中增长一定的法律知识,满足观众对法律的认知欲望"①。

(二)法律全球化与西方大众法律文化的涌入

大众法律文化在当下中国兴起的另一个重要原因则是基于所谓的"法律全球化"的展开。伴随着法律全球化,发源于西方的大众法律文化在世界范围内进行"输出",由此,大众法律文化的兴起成为一种全球现象——理查德·K.舍温甚至认为,正是美国的"大众法律文化输出"将使"司法—娱乐复合体成为一种跨国现象"②。

---

① 秦俊香:《从接受心理看电视剧〈大法官〉的成功》,载《当代电视》2002 年第 2 期。
② [美]理查德·K.舍温:《大众文化中的法律》,赖骏楠译,载[美]奥斯汀·萨拉特编:《布莱克维尔法律与社会指南》,北京大学出版社 2011 年版,第 115 页。

然而，什么是"法律全球化"？必须承认，到目前为止，人们对于什么是法律全球化以及是否存在法律全球化有着不同的认识①。有学者甚至明确提出反对"法律全球化"的概念，认为"法律乃是一种'地方性知识'，不论在什么时候，法律只能是根植于特定的国家、民族及具有时代特色的土壤之中，符合本国家、本民族大多数人利益的行为规范"②。然而，正如朱景文教授所指出的那样，全球化是一个过程，它表现在社会生活的各个领域，包括政治、经济、文化和法律领域。"如果认为只有在经济领域存在全球化，而在法律领域不存在的话，那么，自然会提出一个问题：经济全球化难道没有法律表现吗？难道经济的全球化离开法律形式能够得到巩固和保证吗？"③正因为如此，我们认为，法律全球化是一个实际存在的进程，是一个从"全球分散性的法律向全球法律一体化的运动或全球范围内的法律整合成一个法律体系的进程"④。

就法律全球化与法律文化关系而言，我们同意"经济和法律的全球化深嵌于随之发生的和反对它们的政治和

---

① 相关讨论可参见冯玉军：《法律与全球化一般理论述评》，载《中国法学》2002年第4期；吕明《法律全球化讨论之我见》，载《安徽师范大学学报》2008年第3期。
② 冯玉军：《法律与全球化一般理论述评》，载《中国法学》2002年第4期。
③ 朱景文：《比较法社会学的框架和方法——法制化、本土化和全球化》，中国人民大学出版社2001年版，第566页。
④ 陈金钊、张其山：《法律全球化与中国诉讼法文化的构建》，载《现代法学》2003年第4期。

文化进程中"①的观点。在很大程度上,我们可以将法律全球化直接看作不同法律文化相遇、冲突、融合、转换的过程,其"可以泛指一切本土的法律文化,超越本民族的界限向其他民族传播,或者不同民族之间进行的法律文化相互交流与融合的过程或现象"②。而西方大众法律文化也就是在这样一个过程中进入中国的,电影"大片"的引进突出显示了这一点。

毋庸置疑,"大片"属于大众文化范畴。正如有学者所指出的那样,"当我国走进改革开放的年代,美国电影便以'进口大片'、电视节目甚至盗版影碟的方式成为中国电影市场的实际擂主"③。

考察"大片"的具体内容可以发现,美国"大片"对法律题材的涉及是广泛而惊人的,其中既包含了法治、自由、人权等法律价值内容,也包含了刑法、民法、诉讼法等制度内容,而"法院""警察""特工""匪徒""间谍"等日常法律符号更是不断呈现,换句话说,这些美国"大片"仅从内容而言,多是代表美国大众法律文化的"法律大片"。

---

① [美]W.海德布兰德:《从法律全球化到全球化下的法律》,载 D.奈尔肯、J.菲斯特编:《法律移植与法律文化》,清华大学出版社 2006 年版,第 122 页。
② 钱弘道:《中国法学向何处去》,法律出版社 2003 年版,第 403 页。
③ 康有金、郅锦:《从美国电影大片看美国文化霸权》,载《电影文学》2006 年第 22 期。

表 3-1 1996—2010 引进的"法律大片"

年代	片名
1996	《绝地战警》《特工狂花》《断箭》《蒸发密令》
1997	《碟中谍 1》《插翅难飞》《生死时速》《生死时速 2》
1998	《尖峰时刻 1》《国家的敌人》
1999	《偷天陷阱》《黑客帝国 1》《诺丁山》
2000	《生命的证据》《碟中谍 2》
2001	《霹雳娇娃 1》《反托拉斯行动》《暗流 1》《佐罗的面具》
2002	《谍影重重 1》《临时特工》《绿芥刑警》《特工神童》
2003	《偷天换日》《极限特工》《加勒比海盗》
2004	《谍影重重 2》《反恐特警组》《对垒特工》《暗流 2》
2005	《法国间谍》《佐罗传奇》《史密斯夫妇》
2006	《加勒比海盗 2》《达·芬奇密码》《侠盗魅影》《碟中谍 3》《囚车驶向圣地》
2007	《007：皇家赌场》
2008	《糊涂神判》
2009	《X 战警之金刚狼》
2010	《福尔摩斯》《名侦探柯南 2009》

本书认为，在很大程度上，以美国"法律大片"为代表的西方大众法律文化的涌入直接加速了中国本土大众法律文化的兴起进程。"在一段时间里，中国观众被场面宏大、制作精良、充满叹为观止的高科技手段的美国'大片'征服了"[①]，中国的大众法律文化生产者开始在题材选择、情节设置等诸多方面借鉴"大片"，甚至直接进行模仿，而这种借鉴和模仿从最终结果来看的确推动了中国本土大众法律文化进一步发展。譬如 2014 年由青年导演徐昂指导的电影《十二公民》就一举斩获第九届罗马电影节最高

[①] 康有金、郅锦：《从美国电影大片看美国文化霸权》，载《电影文学》2006 年第 22 期。

荣誉"马可·奥雷利奥"奖,而《十二公民》就是直接借用了拍摄于1957年的获奥斯卡金像奖提名的经典法律电影《十二怒汉》的故事内核①。

(三)大众法律文化与法律现代化的暗合

按照现代化理论的一般理解,"现代化作为一个世界性的历史进程,乃是从传统社会向现代社会的转变和跃进,是人类社会自工业革命以来所经历的一场涉及社会生活主要领域的深刻变革过程"②。虽然到目前为止,人们对"法律现代化"概念并没有一个统一的界定,然而秉承现代化理论的一般认识,将法律现代化看作一个"不断世俗化过程"却是可以达成共识的③。可以认为,在法律现代化的过程中,传统的、附着在法律之上的神秘性因素

---

① 该片描述了十二位陪审员在会议室内围绕一宗少年弑父案件展开讨论,以做出是否判定少年有罪的最终裁决的论辩过程。全片96分钟几乎全部集中在一个单一的会议室场景内,严格遵守"三一律"法则,通过十二人对证词证据的推理、论辩、合理怀疑,由十一票赞成有罪达成了十二票最终无罪的定论。有学者指出,从故事大纲的阐述上来看,该片似乎并不适合中国化改造,一方面是因为遵从大陆法系的中国根本没有陪审团制度的现实语境原因;另一方面从形式来看,以语言论辩为核心的密闭空间群戏表演给编剧本土化创作和演员本土化演艺带来了较大的难度。然而如果把影片文本纳入电影改编的叙事系统中分析,会发现主创者对《十二怒汉》的借用,是极为聪明讨巧的。参见张净雨:《〈十二公民〉:十二个中国人,十二亿声音——一次本土化改写的成功实践》,载《当代电影》2015年第5期。
② 公丕祥:《法制现代化的理论逻辑》,中国政法大学出版社1999年版,第9页。
③ [美]罗纳德·英格尔哈特:《文化与民主》,载塞缪尔·亨廷顿、劳伦斯·哈里森主编:《文化的重要作用——价值观影响人类进步》,新华出版社2010年版,第127页。

(习俗、宗教)正逐渐消失,法律越来越被视作"主权者的意志""人的理性"或者社会契约,法律及法律现象成了普通百姓可以进行日常"言说"的领域。

当法律现代化进程反映在法律文化变迁上,一个必然结果就是具有强烈世俗色彩的法律文化的兴盛——大众法律文化的兴起符合这一结果。由于"大众文化所关注的是日常生活中的世俗性的事件,它不追究这些平常性事件背后的历史根源"[①],因此,通过对大众法律文化产品的享用,人们不但放松、舒缓、化解了在市场经济条件下的生存压力和精神压力,同时也开始习惯于从世俗的角度理解法律及法律现象。

仍以电影为例,20世纪80年代以来,正是伴随着法律现代化的进程,作为大众法律文化的重要组成部分,中国的"法律电影"创作开始繁荣起来。从1980年开始,《法庭内外》(1980年)、《检察官》(1980年)、《第十个弹孔》(1980年)、《见习律师》(1982年)、《被控告的人》(1983年)、《少年犯》(1985年)等法律电影先后摄制。而90年代以后,则出现了《秋菊打官司》(1992年)、《刮痧》(2002年)、《东京审判》(2006年)等具有较强影响力的法律电影。

我们认为,一方面,上述电影在很大程度上反映了中国的法律现代化进程中的矛盾和冲突;另一方面,随着中国法律现代化的推进,这些法律电影的大众法律文化属

---

① 金民卿:《文化全球化与中国大众文化》,人民出版社2004年版,第237页。

性也在不断增强——后几部电影更是在商业上获得巨大成功。

　　以电影《刮痧》和《秋菊打官司》为例。《刮痧》从法律的视角切入中西文化的差异,进而反思中国法制现代化问题。在影片中的法庭上,中国流传了几千年的刮痧仅仅因为不能被证明是一种中医治疗方法而被认为是虐待,就连父亲为了给朋友"面子"而打了孩子也被认为是有暴力倾向,这些文化差异令影片人物许大同不解和不安,突出展现了中国人的传统观念遭遇西方现代法治理念时,双方难以协调的一面。《秋菊打官司》则真实地再现了百姓对待现代法律的态度,在很大程度上反映了普通百姓面对乡土社会的"礼治秩序"与国家正式法律制度运作的"法治秩序"间强烈冲突时所感到的困惑与无所适从,反映了乡村治理模式从人治向法治模式转变的艰难与复杂。从电影中,我们发现,在中国农村,现代司法体制仍在颠簸中缓慢前行,时至今日,乡村管理中"人情"与"法理"的博弈与平衡仍然是一个无法回避的共性问题。其内在逻辑或如苏力教授早年所概括的那样,"传统并不是形成文字的历史文献,甚至也不是当代学者的重新阐述,而是活生生地流动着的,在亿万中国人的生活中实际影响他们的行为的一些观念,或者从行为主义角度来说,是他们的行为中体现出来的模式。这种东西,无论中国当代法律制度在其他方面是如何西方化了,都仍然在对中国社会起很大作用"①。

二、当下中国大众法律文化的基本特征

通过以上对当下中国大众法律文化形成原因的分析可以发现,当下中国大众法律文化的兴起既有外在的促成性因素——与现代西方大众法律文化有着千丝万缕的联系,又有内生的动力因素——与中国市场经济的发展与现代化进程密切联系。正因为如此,从最终品格而言,我们认为,当下的中国大众法律文化除了具有大众法律文化的一般特征外,必然也会呈现出与西方大众法律文化特别是美国大众法律文化不同的一面。

(一)超越性与社会主义属性共存

有学者指出,"与传统的、单一的文化模式相比较,大众文化是一个多形态、多层次、多系统、无处不在的文化,是一个超越文化的文化"②。我们同意此种观点,同时认为,这一判断同样适用于当下中国的大众法律文化,即与社会其他法律文化形态相比,当下中国的大众法律文化所呈现的法律价值是多样和易变的,而这种多样和易变主要由两方面因素决定:

首先,在市场经济的背景下大众法律文化的产生机构往往具有双重属性。现代传媒理论已经揭示,与大众

---

① 苏力:《变法、法治建设及其本土资源》,载《中外法学》1995年第5期。
② 蔡宝玺:《超越文化是大众文化的一个主要特征》,在《南京社会科学》2008年第10期。

（法律）文化密切相关的大众传媒集"公益"与"私意"双重背景于一身①，一方面，大众传媒承担着社会职责，在维护社会群体利益、实现社会整体公正方面发挥着重要作用。另一方面，大众传媒又只是一个普通的社会生活参与者，其有着赖以生存与发展的基本利益需求，在没有任何约束的前提下，大众传媒并无可能仅仅凭借其"良心"而释放出理性的能量，并做到对法律文本的充分尊重②。

其次，大众法律文化的超越性还与所谓的"解码"相关。同样依据现代传播理论，虽然传播者可以基于其特定的目的有选择地对信息进行编码，操控语言和媒介，然而接受者并未被迫接受所传送的信息——接受者能够根据本身的经验或见解，透过不同或者对立的诠释来进行抗拒，此即所谓的"解码"③。将"解码"理论运用到大众法律文化研究领域使我们有理由相信，虽然最初的大众法律文化是由商业机制为了商业利益创造出来的，然而，由于受众对传播活动主动控制的存在④，大众法律文化最终将形成一种内容更加复杂的文化形态。

---

① 冯哲：《如何避免"媒体审判"》，载《传媒》2006年第6期。
② 这一点在"药家鑫案"中同样得到了明确的显示，有学者指出，"药案"发生后，"在真相未明之前，各种言辞激烈的观点便自信满满地抵达"。参见蔡崇达：《药家鑫死了，狂欢的人们却陷入深思？》，载《南方周末》2011年12月29日，D28版。
③ ［荷兰］丹尼斯·麦奎尔：《麦奎尔大众传播理论》，清华大学出版社2010年版，第59—60页。
④ 有学者进一步概括了所谓受众存在的"选择性心理"，选择性心理在实际生活中又表现为三个不同的运行步骤：选择性注意、选择性理解和选择性记忆。参见段京肃：《大众传播学》，北京大学出版社2011年版，第282—289页。

当然,"超越性"并不构成当下中国大众法律文化的独有特征——"超越性"同时也是所有市场经济国家大众法律文化的共有特征。譬如,在谈及电视和律师现象关系时,ABB杂志的编辑和出版商 Edward Adams 曾说:"电视为我们摄入源源不断的法律节目,而这些节目对公众心目中的律师形象带来了巨大影响,有些信息是精准的,有些信息是哗众取宠的,有些则是完全错误的,不管怎样这些都促成民众形成对律师的期盼。无论是当他们走入律师办公室时,还是陪审时抑或是在后院烧烤时偶遇上了隔壁的律师"①。

正因如此,我们认为,"超越性"并不是中西方大众法律文化差异所在,"超越性"与社会主义属性同时存在才是当下中国大众法律文化的一个重要特征。一方面,我们承认市场经济体制的确立是当下中国大众文化和大众法律文化的助产师和催生婆,它为大众法律文化催生了一个前所未有的发展空间和消费主体;另一方面,我们更要注意,中国的市场经济体制首先是"社会主义市场经济体制",其"是同社会主义基本制度结合在一起的",这样,作为"上层建筑",中国当下大众法律文化将具有无法抹杀的社会主义属性。

具体而言,中国大众法律文化的"社会主义属性"主要体现在以下两方面:

首先,在内容上,社会主义法律体系及社会主义法律

---

① 童晓岚、郭德双:《简析经典法律电影对美国法律文化的影响》,载《科技创业月刊》2011年第7期。

实践是当下中国大众法律文化描述的主要对象。毋庸置疑,"'社会主义'是我国法律体系的根本特征,是其不同于资本主义和任何其他法律体系的本质区别所在"①,社会主义市场经济在体制层面首先表现为一系列具有社会主义性质的法律制度安排:在宪法层面,我国的宪法、宪法相关法确立了国家基本经济制度,奠定了社会主义市场经济发展的基石;在部分法层面,我国的民商法确立了调整人身关系和财产关系的婚姻、收养、继承、物权合同等制度,为社会主义市场经济顺利发展提供了条件;我国的行政法确立了行政主体、行政行为、行政程序、行政监督等法律制度,为政府在社会主义市场经济中依法行政提供了保障;我国的经济法和社会法确立了国家对经济活动进行调控的各项法律制度,确立了劳动制度、就业促进制度、社会保障制度、弱者权利保护制度,为社会主义市场经济条件下社会公共利益及社会公正提供了保障;我国的刑法规定了犯罪和刑罚,则最终确保了社会主义市场经济的基本秩序。

就大众法律文化而言,大众法律文化产品的创造从来就不是无源之水、无本之木——当下中国的法律体系与法律实践的"社会主义属性"决定了中国大众法律文化作品在内容上必然打上比西方大众法律文化作品更多的社会主义"烙印"。

其次,在价值层面,社会主义核心价值观必然要求对

---

① 李婧、田克勤:《对中国特色社会主义法律体系形成发展特征的认识》,载《高校理论战线》2011年第11期。

中国大众法律文化展开形塑。正如有学者所指出的那样,"每种文化都有它自己的观念,不仅包括在世界上什么是重要的,还包括人们应该做什么","构成文化的规范和价值观,是属于文化的规范性成分"①。中国大众文化与大众法律文化亦不例外。我们认为,虽然由于出现时间较短,到目前为止,中国大众法律文化在价值层面显得不那么统一,然而从实际发展来看,中国大众法律文化的价值内核正在快速形成中——社会主义核心价值观的提出突出显示了这样一个过程。

众所周知,2012年社会主义核心价值观被明确写入中国共产党第十八次全国代表大会报告,十八大报告提出,要在全社会"倡导富强、民主、文明、和谐,倡导自由、平等、公正、法治,倡导爱国、敬业、诚信、友善",积极培育和践行社会主义核心价值观。

必须看到,社会主义核心价值观是学界提出和反复论证的结果,是执政党认可和颁布,并作为主流意识形态组成部分的思想理论系统性成果,同时,它也是指导整个国家政治经济、文化、社会和法治建设的完整的思想理论体系的内涵和表述形式。对于当下中国的大众法律文化建设来说,我们认为,社会主义核心价值观实际上为大众法律文化建设定了一条红线——当下中国大众法律文化的存在与传播必须以不违背社会主义核心价值观为基本

---

① [美]亚历克斯·蒂奥:《大众社会学》,从霞译,人民邮电出版社2012年版,第51页。

前提,其必须作为社会主义法治文化①的组成部分而存在,这是当下中国大众法律文化发展空间所在,也是其区别于西方大众法律文化的基本特征②。

(二)历史传承性

当下中国大众法律文化的第二个特征是其无法回避的历史传承性,主要体现在三个方面。

1. 大众法律文化作品题材选择的历史性

众所周知,中国是世界四大文明古国之一,具有五千多年的文明,中国的法律及法律实践自古有之,源远流长,内容丰富,其不仅影响中华民族数千年,还走出国门,对亚洲周边国家产生了深刻的影响。因此,对于正在兴起中的中国大众法律文化而言,积淀深厚、丰富多彩的中

---

① 关于社会主义法治文化界定及其与大众法律文化的关系,本书的最后一章将作详细阐述。
② 实际上,亦有学者从更为宏观的角度总结了社会主义核心价值观对于中国法律文化构建的重要意义,主要归纳为四个方面:首先,社会主义核心价值观确立了我国法律文化的基本内涵。其次,社会主义核心价值观决定了我国法律文化的本质特征,决定我国的法律文化必然是人民大众的法律文化,必然是维护广大人民根本利益的法律文化,必然是拥护中国共产党执政的法律文化,与资本主义法律文化有着本质上的区别。再次,社会主义核心价值观规定了我国法律文化的发展方向。我国法律文化的发展既不是漫无方向的发展,也不是向资本主义法律文化发展,而是沿着社会主义方向发展。最后,社会主义核心价值观表明了我国法律文化构建的根本目的。我国构建法律文化,不仅仅是为了构建和繁荣文化本身,也不仅仅是为了法律制度本身的科学化和体系化,根本目的在于实现国家富强、社会和谐、人民幸福,在于实现中华民族的伟大复兴。相关论述参见尚绪芝:《论核心价值观对法律文化构建的引领》,载《法学杂志》2014年第11期。

国传统法律及其实践是取之不尽、用之不竭的宝贵资源。就现实来看,当下不同的大众法律文化载体如电影、电视剧、大众讲座(如百家讲坛、法律讲堂)也的确持续不断地对中国古代法律的历史、故事乃至传说进行叙述和演绎。

以电视剧为例,从20世纪80年代以来,许多电视剧都选择了中国古代法律题材,而在这其中最为引人注目的当数《包青天》系列剧①。《包青天》系列剧拍摄完成于1993年,共236集,由台湾"中华"电视公司制作,梁凯程、孙树培执导,金超群、何家劲、范鸿轩、张倩等主演,该剧播出后引起轰动并取得了巨大的商业利益。一般认为,该剧的成功除了制作及明星演员等因素外,以中国家喻户晓的宋代名臣包拯事迹、传说及法律故事演绎作为题材也是一个重要原因②。

2. 法律意识的传统性

必须注意到,虽然当下中国大众法律文化具有商业性、娱乐性等现代大众文化的一般特征,但这并不意味着具体大众法律文化作品所呈现出的观点和态度具有"现

---

① 除此之外,《神探狄仁杰》《大宋提刑官》等剧也取得了巨大的商业成功。
② 包拯,字希仁,庐州(今安徽合肥肥东)人,北宋官员,以清廉公正闻名于世,其铁面无私,且英明决断,敢于替百姓申不平,故有"包青天"及"包公"之名。基于包拯发生或演绎的法律故事众多,如京剧名段"铡美案"即为一例。《包青天》连续剧则改编自《七侠五义》《包公奇案》等旧小说。正如有学者所指出的那样,"这些旧小说在叙述包公经办案件的故事时,不免带有愚昧迷信、荒谬古怪的情节以及封建思想和封建法律意识。但包公故事经过历朝历代的弹唱、戏剧及说书的表达,已经家喻户晓,深入民心;社会上流传'关节不到,有阎罗老包'的俗语,民间传说和稗官小说,更是绘形绘影,把包公描述成历史上的第一位清官"。参见桑波:《〈包青天〉颠倒香港众生》,载《电影评介》1994年第1期。

代性"。恰恰相反,基于传统法律文化与制度的强大惯性与影响力,当下的大众法律文化作品所呈现出的法律意识常常是传统性的。

仍以上面所提及的《包青天》《神探狄仁杰》《大宋提刑官》等热播剧为例——我们可以将这类电视剧统称为"清官剧",而"清官剧"所呈现出的观点和态度往往受到了传统的"清官文化"①影响,"这些剧作对帝王和清官'救世'角色的完美阐释,再加上老百姓对'太平盛世'的梦想、对现实不公的愤恨及其潜在的'圣君意识'和'清官意识',使得这些历史人物深受观众的喜爱和尊敬,也使得这些历史剧得到了老百姓的肯定和好评"②。"清官剧"的热播"与中华民族集体无意识深处的'英雄原型'紧密相关。人们需要英雄,因而创造了自己的英雄"。"因为清官的声名及其某些作为与民众心中期待的英雄相吻合,集体无意识驱使下的民众才不遗余力地把自己关于英雄

---

① 一般认为,清官文化是中国社会特有的一种政治文化现象,它早于清官形象的形成,而萌芽于汉代。它立足于传统封建社会的土壤中,宋代以后,以民间文艺的形式,尤其是以宋代清官包拯原型为起点,并辅之以此后的其他清官形象为辐射点,通过民间杂剧、话本等载体,经过元、明、清三代的流播,逐步渗透到民众的政治、心理、文化意识及社会生活诸多方面。其反映了封建社会人们对执政者的期盼和对为官之道的认知水平,即渴望社会清明,崇尚廉洁公正,幻想通过依赖明君、清官、良吏的廉洁公正来打击和抑制社会特权、贪赃枉法及其他丑恶现象,从而捍卫自己生存的权利。
② 陈昌勇:《圣君情节清官梦——帝王剧和清官剧评析》,载《中国电视》2006年第7期。

原型的种种期待穿凿附会于托名清官的各种故事中"①。

3. 与"文化的大众化"的密切关联性

"文化的大众化"是新民主主义时期提出的一个概念,其主要描述了近代中国特有的文化扩展现象,即"在近代中国由于没有一个完全的资本主义社会,没能出现我们现在所说的大众文化,然而在现代历史上,随着人民大众反帝反封建的新民主主义革命运动,文化向着社会大众的运动成为一个非常突出的要求和倾向","为了将处在向大众扩展过程中的这种文化同当代的大众文化相区别,我们将其称为'文化的大众化'"②。

我们认为,由于中国新民主主义时期与社会主义时期,尤其是当前社会主义初级阶段有着密切的内在关联,因而新民主主义的"文化的大众化"对当代中国大众文化的影响和作用是不容忽视的:一方面,正是新民主主义文化大众化的发展为当代大众文化包括大众法律文化的产

---

① 邱霞:《从民族集体无意识角度阐释历史文学影视中的"清官"》,载《电影文学》2009 年第 2 期。
② 翟爱玲认为,新民主主义时期的文化大众化具有以下几个特征。首先,中国近代以来资本主义商品经济和民主思想的发展,为文化大众化的产生和发展奠定了社会基础,不同时期民主革命深入程度与思想倾向则直接影响着当时文化大众化发展的状况。其次,新民主主义文化大众化是先进分子自上而下的自觉运动。在形式上突出表现为中国共产党人和先进文化人为改造社会而进行的一种积极努力,表现为一种自上而下的主观自觉运动,中国共产党人在推动文化大众化实践的深入、理论的创立等方面发挥的能动作用更为突出。最后,在文化大众化发展的历程及其思想理论中,政治气候和革命形势的影响表现得十分突出,具有突出的政治功利性。参见翟爱玲:《论新民主主义文化大众化形成发展的特殊性及其社会作用——兼论当代大众文化与新民主主义文化大众化的关系》,载《河南大学学报》2008 年第 1 期。

生和发展奠定了深厚的基础,提供了思想前提①。另一方面,由于新民主主义时期的文化大众化是西方大众法律文化在其发展过程中所不曾经历的阶段,因此"文化的大众化"必然为当下的中国大众法律文化打上特殊的历史烙印——这种历史烙印可以体现在法律与政治、法律与阶级、法律与政党甚至法律与性别等多个问题的观念意识层面,"浓厚的政治功利性,精英文化意识的保留,以及文化普及与提高的关系等都是今天发展大众文化应引起注意的方面"②。

(三)对当下中国的现实关照性

如上所言,大众文化总体上源于现代大众社会的形成,因此,从本质来说,所有的大众文化都是"当下的","现实关照性"是大众文化的源头活水,从现实中汲取养料也是大众文化更新和发展自身的重要途径。

本书认为,中国大众法律文化的"现实关照性"主要体现在对当下中国社会的法律和法律现象的关照上,这种"关照"大致可以从两个方面进行把握:

其一,改革开放以来的中国法律实践是题材选择的

---

① 学者们认为,与大众文化产生不同,新民主主义大众化是"一个自上而下文化普及过程的过程"。参见翟爱玲:《论新民主主义文化大众化形成发展的特殊性及其社会作用——兼论当代大众文化与新民主主义文化大众化的关系》,载《河南大学学报》2008年第1期。

② 翟爱玲:《论新民主主义文化大众化形成发展的特殊性及其社会作用——兼论当代大众文化与新民主主义文化大众化的关系》,载《河南大学学报》2008年第1期。

重要对象。举例来说,改革开放以来,在法律领域,"反腐"一直是一个重要话题,近几年,荧屏上出现了大量弘扬社会正气与表现社会主流意识形态的反腐题材电视剧,如《人民的名义》《抉择》《大雪无痕》《忠诚》《红色康乃馨》《当关》《不共戴天》《天网》等,"这类题材的电视剧大都善于对当代重大社会问题进行深层次的艺术思考,寻求铲除毒瘤的途径,以丰厚的思想内涵和理性魅力,既征服了广大观众,又敲响了反腐肃贪的警世洪钟"①。与上述电视剧关注角度不同,系列电影《法官老张轶事》着重关注了我国基层法官的生活与工作状态,该系列电影包括《别动感情》《告状记》《回避》《审牛记》《阳光与土地》《偓萝卜》《养老树》《无法知晓的真相》等多部影片,虽然主题不同,但人物定位都是"老张"这样一个基层法官——由于历史的原因,"老张"文化水平不是很高,也没有受过很好的系统教育,但是一直在乡村法庭里做实际工作,有非常多的工作经验和阅历。电影以现实主义的手法,完全选择常规的法律案件来处理,这些法律案件都是在农村中大量出现的案件,看起来好像离城市非常远,但实际上非常有典型性。

其二,注意对现实生活中普通民众的法律意识进行展示与回应。以影片《全民目击》为例,该片"可被称作中

---

① 魏红梅:《试论反腐题材影视剧中的"清官意识"》,载《电影文学》2007年第3期(下)。

国第一部真正意义上的法庭片"①。作为一部中低成本作品,《全民目击》投巨资邀请了一线当红演员孙红雷、郭富城、余男担任主演;影片所涉及的"全民消费社会热点""富二代犯罪""电视、网络等媒体对热点事件的关注""社会仇富心理"等也都是当下社会生活的真实写照。更为重要的是影片将情节突转建构在了当前中国普通民众道德法律意识中仍然存在的"卫亲情结"之上,这种设置,不但回应了当前社会权力、金钱、名望冲击亲情、爱情等人类宝贵情感所引发的不安,也让剧中人物在道德上赢得了同情。正因为如此,有学者明确指出,《全民目击》的成功之处在于反映了公众的公正意识、仇富心态和卫亲情结,"《全民目击》的文本内部当然还可能存在其他意义,但公正意识、仇富心态和卫亲情结三重意义是既定的,它们之间既相互冲突又相互共存,共同缠绕出影片文本系统的复杂"②。

这里需要说明的是,当下中国大众法律文化的"现实关照性"与之前我们所提及的"历史传承性"并不矛盾——必须看到,虽然当下很多大众法律文化作品常常选择历史题材,然而这种选择与表达并不是与现实无关的,恰恰相反,其常常是现实的折射,其内在关系正如有学者对"清官剧"的分析那样,"'清官戏'的流行,不仅仅是由于其艺术上的审美观赏效果,而且涉及人们对于现

---

① 刘红焰:《新时期中国法律题材电影的价值观流变》,载《电影评介》2014年第6期。
② 王一川:《公众复杂心态的影像缠绕》,载《当代电影》2003年第11期。

实社会法制问题的焦虑与某种祈盼"①。

三、如何面对大众法律文化：对大众法律文化在当下中国兴起的基本态度

随着大众法律文化的兴起，如何正确对待大众法律文化及其在当下中国的兴起，已成为当下中国法律实践不得不面对和思考的问题。我们认为，这一问题的答案实际蕴藏在我们对文化的一般功能和法律文化特定功能的思考之中。

(一)文化的一般功能及法律文化在现代法律实践中的功能

1. 文化的一般功能

已有的研究表明，文化对于人类社会所发挥的功能是复杂的，对此，学者们的讨论大致形成了三种理论，这三种理论分别为功能论、冲突论、符号互动论②。其中，功能论强调文化对社会安定的意义；冲突论则看到了文化对社会不平等的维系；而符号互动论则强调文化既是社会交往的引导者，也是社会互动的产物。

我们认为，文化一般功能的研究对于本书主题而言极具启发意义——虽然已有的研究视角不同，然而，就大众法律文化研究而言，一个共同的、紧迫性问题在于，作

---

① 徐忠明：《中国传统法律文化视野中的清官司法》，载《中山大学学报》1998年第3期。
② [美]亚历克斯·蒂奥：《大众社会学》，从霞译，人民邮电出版社2012年版，第63页。

为一种已然兴起的文化形态,大众法律文化是否产生上述功能?如果产生,又是如何运作的呢?

2. 法律文化在现代法律实践中的功能

承接着对文化的一般功能的讨论,我们认为,在当前法律文化研究中,人们对法律文化在现代法律实践中的功能是有着基本共识的——多数法律文化的研究者认识到,作为一项"人类的事业",法律必须获得的"文化解释":一方面,法律制度与法律现象常常需要借助法律文化才能够获得理解,法律文化"决定了人们何时、何地、为什么诉诸法律、法律制度或法律程序,以及他们在什么时候会选择其他制度或者什么都不做",将法律实践纳入法律文化图景中"就好像给钟上紧发条或者给机器接通电源一样"①。另一方面,法律实践理性的获得也有赖于法律文化的支撑。"在某些时空下,法律是文化的表达和体现,而在另一时空下(甚至同一时期),文化则成为了法律的障碍;文化在某时可赋予法律以合法性,而在另一些时候法律则对文化构成了挑战"②。

(二)面对大众法律文化的两个基本态度

正是基于上述结论,我们认为,面对大众法律文化的兴起,当下的大众法律文化的研究者及法律实践的参与

---

① [英]罗杰·科特雷尔:《法律文化的概念》,转引自汤唯《当代中国法律文化本土资源的法理透视》,人民出版社2010年版,第158页。
② [意]D.奈尔肯:《法律适应的社会学探讨》,载D.奈尔肯、J.菲斯特编:《法律移植与法律文化》,清华大学出版社2006年版,第37页。

者应该持有两个基本态度:

1. 承认大众法律文化对人类社会特别是法律实践的现实影响力

若干年前,曾有学者提出,"中国法制由三部分思想决定:马克思列宁主义的法律决定法制的表层结构;近代清末和建国前传入的西方法学,主要是大陆法学思想决定法制的中层结构;而古代的中国法律传统文化决定着法制的深层结构"①。我们认为,如果以一个时间的横切面对上述结论进行考察并没有什么不妥之处,然而,当我们以大众法律文化兴起为背景做更具前瞻性的归纳,将会看到,大众法律文化对中国未来法治的影响同样是深层次的。

如上所言,大众法律文化在当下中国的兴起说到底并不是来源于自上而下的制度建构和法学理论的传入——其契合于市场经济,并随着法律全球化以及现代传媒影响力增强在社会生活基本层面不断渗透与扩展,因此,依据"文化解释"理论,我们有理由认为,随着大众法律文化的兴起,相当多的人会"自然而然"地"漂浮"在大众法律文化之中,并依据大众法律文化对现实的法律制度和法律现象进行着"文化解释"。同时,这种"解释"不仅会发生在普通百姓中,也会发生在立法、司法、执法者中,这样,从最终的结果而言,大众法律文化将无可避免地对中国的立法、司法、执法乃至守法等一系列法治实

---

① 陈晓枫主编:《中国法律文化研究》,河南人民出版社1993年版,第18页。

践产生重大影响,甚至"给中国的法治化带来一系列难以解决的问题"①。

2. 承认大众法律文化建设的必要性

承认大众法律文化对人类社会特别是法律实践的现实影响力并不是我们态度的"终点",我们还应该将"承认大众法律文化建设的必要性"作为第二个基本态度。

必须看到,就当下中国大众法律文化而言,其经过多年的建设,虽然呈现出蓬勃兴起的态势,但不足之处也是明显的。譬如,由于中国大众法律文化事业起步较晚,目前中国本土大众法律文化产业并不发达,本土大众法律文化作品也不够成熟(突出表现在分层不够,精品不多),这些情况直接影响了文化对人精神需求的功能型满足,甚至影响文化安全。另一方面,当下中国的大众法律文化在很多情境下又构成了中国法治发展的不确定乃至消极性因素,许多大众法律文化作品"立意不高,思想走偏,格调低俗"②,大众法律文化建设由此变得必要和急迫。

---

① 舒国滢:《大众化与法治化:一个文化—哲学解释》,载《政法论坛》1998年第3期。实际上,关于这些"难以解决的问题",学者们已经开始了尝试性的讨论。譬如,有学者注意讨论了大众传播媒介与民众死刑观念的关系,指出"中国民众的死刑观并非与生俱来的生物性反应或者天经地义的东西,而是被各种文化传播的媒介通过信息的加工、处理、控制而人为塑造出来的。因此,要改变、引导中国人的死刑观,就需要从媒介对文化观念的塑造功能入手。应当注重大众传播媒介与死刑观的关系研究与实践,通过各种媒介的交互网络作用去制造、复制、传播、强化'反思死刑'的文化信息"。参见周详:《媒介对大众死刑观的塑造——中国废除死刑的路径分析》,载《法学》2004年第11期。

② 王小嘉:《假日法制节目的娱乐化探索》,载《中国电视》2006年第4期。

第四章　大众法律文化兴起与立法

"立善法于天下,则天下治;立善法于一国,则一国治"①。国家若善治,须有良法。40余年前,历尽十年浩劫的中国,法律制度园地一片荒芜,只有宪法和婚姻法等寥寥几部法律。中共十一届三中全会后,随着社会主义民主法制建设的推进,中国的立法开始加快。1997年,中共十五大明确提出"到2010年形成有中国特色的社会主义法律体系"。2000年,《中华人民共和国立法法》颁布。该法指出,"为了规范立法活动,健全国家立法制度,提高立法质量,完善中国特色社会主义法律体系,发挥立法的引领和推动作用,保障和发展社会主义民主,全面推进依法治国,建设社会主义法治国家"②,2008年3月8日,十一届全国人大一次会议第二次全体会议在北京人民大会堂

---

① (北宋)王安石《周公》。
② 《中华人民共和国立法法》第1条。

举行,时任全国人大常委会委员长吴邦国向大会作工作报告宣布:中国特色社会主义法律体系已经基本形成。至此,中国形成了以宪法为核心,以法律为主干,包括行政法规、地方性法规等规范性文件在内的,由七个法律部门、三个层次法律规范构成的法律体系。国家经济、政治、文化、社会生活的各个方面基本做到有法可依,为依法治国、建设社会主义法治国家、实现国家长治久安提供了有力的法制保障。建设中国特色社会主义法律体系,走出了一条不同寻常的中国特色之路。中国的立法建设由此进入了新的时代。

一、法律文化与立法

毋庸置疑,文化特别是法律文化对于立法而言是重要的[1]。对此,早在20世纪90年代,郝铁川先生即通过中西方法律文化比较,提出"大陆法系的民族擅长演绎思维方式,英美法系的民族擅长归纳思维方式"[2]的观点,同时认为,正是这种思维方式的差异直接导致了立法技术上的差异。

(一)法律文化对立法的一般影响

综合学者们以往的研究成果,我们大致可以将法律

---

[1] 高鸿钧教授认为,就文化、法律文化和法律制度三者的关系而言,是"法律文化把文化的基本价值和主要精神传送到法律制度中去,并型塑制度。因此,法律文化是法律制度与文化发生联系的中介"。参见《法律文化的语义、语境及其中国问题》,载《中国法学》2007年第4期。

[2] 郝铁川:《传统思维方式对当代中国立法技术的影响》,载《中国法学》1993年第4期。

文化对立法的影响归纳为两个方面：

1. 法律文化影响法律制定

"法律是被创造出来的，而且，它是在不同的时间、地点和场合，由不同的人群根据不同的想法创造出来的"，"人在创造他自己的法律的时候，命定地在其中贯注他的想象、信仰、好恶、情感和偏见"[①]。正是基于这样的认识，在很大程度上，我们无法简单地把法律制定活动看作一个"真理发现"的过程，恰恰相反，法律制定无法逃脱立法者（包括立法个人和立法群体）的"主观偏见"。

一般来说，立法者的"主观偏见"是多种因素累加的结果。譬如，我们时常能关注到立法者（或其所代表的阶级）自身的利益诉求使立法者产生"主观偏见"，形成所谓法律的"经济解释"；然而，在另一方面，我们也应该注意到，文化或法律文化对立法者所造成的影响同样不容忽视，我们还需要一种法律的"文化解释"。仍以传统中国法为例，一个关于中国古代法律制度的特殊内容和形式的经典文化解释在于：由于是儒家文化构成了传统中国社会主流文化，因此，长期浸淫于儒家文化的立法者必然受其影响，建立起"为以宗法为本位的熔法律与道德于一炉的伦理法律价值体系，这是一种体现儒家伦理精神的法律，是一种建立在'天人合一'深厚道德基础之上的法律系统。"[②]而在形式上，这种伦理法又直接表现为一种法

---

① 梁治平：《法律的文化解释》，载梁治平《法律史的视界》，广西师范大学出版社2013年版，第210页。
② 公丕祥：《当代中国的司法改革》，法律出版社2012年版，第230页。

律分化程度较低的诸法合体的法律结构体系——民事法与刑事法、实体法与程序法由此浑然一体。

我们认为,接受法律的文化解释,实际就是接受了一种重要的、观察法律制定活动的视角。在很大程度上,我们需要将法律的制定视作一个文化引导下的选择过程(而不是纯客观的、被经济和利益单纯决定的过程),通过这一选择,法律文化不仅影响了立法者如何看待公平、正义、秩序、效率等法律价值,同时也塑造了立法者自我反思的空间与可能性,并最终使立法结果呈现为弗里德曼笔下的"选择的共和国"①。

2. 法律文化影响法律移植

所谓"法律移植",指"一个国家和地区,将其他国家和地区的法律(体系或内容或形式或理论)吸纳到自己的法律体系之中,并予以贯彻实施的活动"②。现代的法理学研究认为,任何的法律移植都有一个"本土化"的过程,没有本土化,"移植进来的法律也就没有生命力,不能发挥作用,时间一长,就会自然而然的枯萎、死亡"③。

必须看到,在法律移植"本土化"的过程中,法律文化

---

① 相关论述可参见梁治平:《法律的文化解释》,载梁治平《法律史的视界》,广西师范大学出版社2013年版,第109—129页。梁治平亦指出"文化是选择,这种选择的至大处,是它能以主观加之于客观,而把与之配合的历史一次又一次再造出来"。参见梁治平:《法律之文化观》,载梁治平《法律史的视界》,广西师范大学出版社2013年版,第395页。
② 何勤华、李秀清:《外国法与中国法》,中国政法大学出版社2003年版,第626页。
③ 何勤华、李秀清:《外国法与中国法》,中国政法大学出版社2003年版,第623页。

因素是重要的,其基本逻辑在于,由于法律文化直接影响着人们的法律观念和法律意识,因此当不同国家地区的法律文化较为相似时,则受体国对移植过来的法律较容易接受,法律移植也就相对简单。譬如,历史上,东亚诸国移植中国的传统法律,土耳其人在皈依伊斯兰教过程中移植伊斯兰法,在这些过程中,法律文化都发挥了较为积极的作用。相反,当不同国家甚至地区之间的法律文化差异巨大时,则移植过来的法律制度将受到严重排斥,法律移植成功也"只是非常凑巧的事"①。例如,19世纪中期,伊斯兰世界在没有进入现代化阶段就匆忙移植了西方的法律制度,其最终的结局是,"这些法律受到了伊斯兰世界传统法律文化以及一般宗教文化的强烈抵制,结果移植以失败告终,甚至不得不恢复传统的法律制度"②。

(二)近代以来中国"变法"的法律文化解释

晚清以降,在西方的坚船利炮及日益加剧的社会矛盾冲击下,近代中国的"变法"呼声日益高涨,现代立法实践开始出现,并绵延一个多世纪。今天,当我们回头审视这段历史,固然可以发现政治与经济因素对于立法所施加的直接影响,然而,在另一方面,我们也应注意到,法律文化对"变法"的影响同样不能回避,在这其中,晚清西方

---

① 孟德斯鸠认为:"为某一国人民而制定的法律竟能适合于另外一个国家的话,那只是非常凑巧的事"。参见[法]孟德斯鸠:《论法的精神》(上),张雁深译,商务印书馆1961年版,第6页。
② 高鸿钧:《法律文化与法律移植:中西古今之间》,载《比较法研究》2008年第5期。

法律文化强制施压下的"变法"和新中国法律意识形态变更之下的"废旧法立新法"尤具典型意义。

1. 晚清西方法律文化强制施压下的"变法"

此处所谓"西方法律文化强制施压"①主要指清朝末年，帝国主义列强公开宣称中华帝国的法律缺乏欧洲法律的平等、公正精神，中华帝国的法律文化劣于西方的法律文化，并因此要求在中国行使领事裁判权。对此，英国人司脱莱克表达得十分清楚，司脱莱克认为："东方之国家（如中国）其文明程度与西方基督教国家迥然不同，尤以家族关系与刑事法规及司法等最为差异。英美人居彼邦自以适用己国法律和法庭管辖为宜"②。

面对此种压力，虽然清帝国起初仍然"我行我素，摆出一副千年帝国的架子"③，然而，最终却以洋务运动为起点，掀开了变法的帷幕。及至1902年，张之洞以兼办通商大臣身份，与各国修订商约。英、日、美、葡表示，在清政府改良法律的前提下可以放弃领事裁判权，为此，清廷下诏："现在通商交涉事益繁多，著派沈家本、伍廷芳将一切现行律例，按照交涉情形，参酌各国法律，悉心考订，妥为拟议，务期中外通行，有裨治理"④。

---

① 有学者将这种现象称之为"法律帝国主义"，参见魏森：《法律帝国主义研究》，载《法商研究》2009年第3期。
② 张晋藩：《中国法律的传统与近代转型》，中国政法大学出版社2005年版，第301页。
③ 何勤华、李秀清：《外国法与中国法》，中国政法大学出版社2003年版，第12页。
④ 张晋藩：《中国法律的传统与近代转型》，中国政法大学出版社2005年版，第301页。

2. 法律意识形态的变革与"废旧法立新法"

法律文化对"变法"影响第二例证发生于新中国成立前后。1949年2月,中共中央发布了《中共中央关于废除国民党〈六法全书〉和确定解放区司法原则的指示》(下称《指示》)。同年4月,华北人民政府颁发了《废除国民党〈六法全书〉及一切反动法律的训令》。毫无疑问,上述文件具有重要的历史性意义,"它确立了中华人民共和国法制建设的基础和出发点,其精神一直是新中国建立后法制建设的指导方针,对新中国法制建设产生了极其深远的影响"[①]。

新生的人民政权为何要摧毁旧法制?作为法律文化重要组成部分的法律意识形态要求无疑是最为重要的原因。关于这一点,《指示》中明确地表达,"司法机关应该经常以蔑视和批判六法全书及国民党其他一切反动的法律、法令的精神,以蔑视和批判欧、美、日本资本主义国家一切反人民法律、法律的精神,以学些和掌握马列主义——毛泽东思想的国家观、法律观及新民主主义的政策纲领、法律、命令、条例、决议的办法来教育改造司法干部"[②]。正是基于这种法律意识形态要求,新中国的立法工作开始了其最初的建设,而这种建设又是以法律意识形态相一致的苏联法的全面模仿为特征,其最终结果正如有学者所指出的那样,"我国1954年宪法的制定在某种

---

① 蔡定剑:《历史与变革》,中国政法大学出版社1999年版,第3页。
② 北京政法学院法制史教研室编:《中国法制史参考资料选编现代部分》(第三分册),第125—128页。

程度上说,就是以苏联 1936 年宪法为蓝本制定的"①,"在立法中,大量的苏联法律制度被引进。重视土地法、婚姻法、刑事法律方面的立法。经济法的概念被接受"②。

(三)传统文化对立法的持续作用

当然,即便如此,中国传统文化对于近代中国立法的影响仍然是无法抹杀的。对此,郝铁川先生曾指出:"审视当代中国立法不难发现,宪法所规定的民族区域自治制度和精神文明建设、民法所规定的农村承包经营户和个体工商户、刑法所规定的管制与死缓、民诉法所规定的人民调解制度,都是中国在世界立法史上的独创,而这些独创实际上是中国文化传统在当代一个的创造性转化。"③同时,郝铁川先生认为,这些制度分别对应了传统文化中的古代少数民族自治传统、重视教化传统、重视家庭家族的传统、"明刑弼教"传统和"和为贵"传统等④。

此外,就历史经验而言,我们还可以观察到另外一个相关的现象,即如果"立法"超越了"传统文化的框架",则立法所立之法将无法颁行或者即使颁行也要付出极高的成本甚至被同化。对此,有学者指出,自清末到民国,中国虽引进和移植了审判制度、陪审制度、律师制度、控告申诉制度、辩护代理制度等一整套西方诉讼制度,在中国

---

① 蔡定剑:《历史与变革》,中国政法大学出版社 1999 年版,第 249 页。
② 蔡定剑:《历史与变革》,中国政法大学出版社 1999 年版,第 250 页。
③ 郝铁川:《文化传统与当代中国立法特色的形成》,载《中国法学》1994 年第 4 期。
④ 郝铁川:《文化传统与当代中国立法特色的形成》,载《中国法学》1994 年第 4 期。

诉讼文化传统中渗入了西方诉讼文化,但是,"传统诉讼文化具有极其顽强的生命力。它不仅对外来诉讼文化有巨大的排斥作用,同时也在不断地同化传入的外来诉讼文化"①。譬如,晚清沈家本、伍廷芳担任修律大臣制定《刑事民事诉讼法》草案最终未获清廷允准颁行,其主要原因即在于该法与"民情风俗"之冲突——张之洞认为该法草案"于中国情形未尽合"②,袁世凯则一方面认为编订该法具有必要性,另一方面则指出"惟于现在民情风俗,间有扞格难行之处"③。

二、大众法律文化兴起对立法的积极影响

正因为法律文化对立法有着重要的影响,所以,进一步探讨大众法律文化的兴起对当下中国的立法影响和冲击亦具有价值和意义。我们认为,作为法律文化的重要组成部分,一方面,大众法律文化在当下中国兴起是一个基本事实,因此,中国的大众法律文化必将(实际已经发生)对当下中国的立法产生影响;同时,在另一方面,我们也要看到,到目前为止,我们对大众法律文化究竟会对中国立法造成怎样的影响一直缺少一个清晰的判断——这种判断的缺乏将在很大程度上影响我们处理大众法律文

---

① 曹立波、朴明珠:《法律文化行为的法理学分析》,载《东北师范大学学报(哲学社会科学版)》2008年第4期。
② 朱寿朋编:《光绪朝东华录》第五册,中华书局1984年版,总第5732页。
③ 袁世凯:《遵旨复陈新纂刑事民事诉讼各法折》,载《袁世凯奏议》(下),第1421页。转引自公丕祥:《当代中国的司法改革》,法律出版社2012年版,第28页。

化与立法的关系,并进一步影响立法的质量与效果。

正是基于上述考虑,在本章的以下部分,我们将试图对上述问题进行回答。就最终结论而言,我们认为,应总体将大众法律文化的兴起看作"立法"的积极因素——大众法律文化不仅提升了现代立法的"合法性",同时也有利于现代法律移植的"成活率"的提高。

(一)大众法律文化与立法合法性

1. 立法合法性的一般理论

"合法性"这个词在英文中的表述是"Legitimacy",其词源来自于拉丁文"Legitimus",意指"合法律性""合理""正当",主要涉及的"是对被统治者与统治者关系的评价。它是政治权力和其遵从者证明自身合法性的过程。它是对统治权力的认可。"[1]

一般认为,在马克斯·韦伯所指涉的"法理性统治"被广泛承认的背景下,法律自身的合法性问题是"合法性"讨论的重要内容,而"立法合法性"则包含以下三个方面的内容[2]:

(1)立法的形式合法性

英国学者 P.S. 阿蒂亚认为:"合法性的形式问题是有关特定法律或规则命令的权威之一形式渊源的纯法律问题。"[3]

---

[1] [法]让—马克·夸克:《合法性与政治》,佟新平、王远飞译,筱娟校,中央编译出版社 2002 年版,中译本序第 1 页。
[2] 汪全胜:《立法后评估研究》,人民出版社 2012 年版,第 214—222 页。
[3] [英]P.S. 阿蒂亚:《法律与现代社会》,范悦等译,辽宁教育出版社 1998 年版,第 157 页。

具体来说,立法的形式合法性主要包括立法来源的合法性、立法权力范围的合法性、立法程序的合法性等几个方面的问题。其中,立法权力来源的合法性是立法合法性的基础与前提,立法权力没有"合法性"基础,则其制定的"法"就不具有合法性;立法权力范围的合法性则强调各种不同的立法主体在自己确定的权限范围内行使立法权力,超越立法权限就是"不合法";立法程序的合法性是"正当法律程序"在立法过程中的体现,"在立法学的意义上,程序除了作为实体保障外,还具有独立于实体内容而存在的价值,特别是在民主和法治的前提下,程序自身品质所蕴含的正当性与合理性因素不仅是法治实施的保证,更是法治实实在在的实施过程"①。

(2)立法的价值合法性

法国学者让－马克指出,尽管合法性在现代社会总是意味着合法律性,但需要两个补充条件:一是"有关法律的叙述必须要与社会同一性的构成性价值协调一致";二是"法律的陈述必须要以一种可信的方式促进社会价值的实现。否则将最终导致对这些法律陈述的放弃,甚至使价值本身失去信誉;如果这些价值得不到具体化,那么这些价值也将最终难以实现。"②

(3)立法的实践合法性

立法的实践合法性强调立法所立之法通过实施,最

---

① 周军:《论地方立法的合法性》,载《人大研究》1999年12期。
② [法]让－马克·夸克:《合法性与政治》,佟新平、王远飞译,筱娟校,中央编译出版社2002年版,第33—35页。

终得到人们的认同甚至信仰。正如有学者所指出的那样,"法律的真正生命力来自于法律社会合法性,来自于多元利益主体展开、博弈和均衡的过程中主体对法律的态度,来自于人们对法律的遵守、支持与信仰。法律不仅是一种规则,更多的是,法律是一种事业。法律事业能否获得法律人、普通人们的支持,以至于成为人们信仰的一种事业,可以反过来成为法律是否合法的一个标准"①。

2. 大众法律文化兴起对提升立法合法性的意义

我们认为,虽然现代社会立法的合法性有着多方面的内容,然而,立法民主或者公民对立法的广泛参与却是现代国家提升法律合法性最为重要的方面。即,"在一个民主社会,政府的权力以及指导权力运作的规则必须在民主的价值观,在人民的信仰、利益和同意中寻求正当基础"②,也正因为如此,"加强公众参与立法和行政事务,使立法民主化,成为西方社会的一个普遍的呼声"③。

---

① 王满生、陈卯轩:《法治的实现——一个法的合法性视角》,载《西南民族大学学报(人文社科版)》2005年第4期,第85页。
② 陈端洪:《立法的民主合法性与立法至上——中国立法批评》,载《中外法学》1998年第6期。
③ 朱景文:《关于立法发展趋势的几个问题——一个比较研究》,载《法学杂志》2005年第6期。需要注意的是,西方立法民主性的呼声的出现与"二战"后西方行政权力的膨胀密切相关,即,自20世纪60年代以来,行政机构在决策中的作用越来越大,大量的专业性、技术性问题不但普通老百姓不了解,即使是作为民选代表的国会议员也不清楚,这些问题离开行政技术官僚,似乎根本得不到解决。而与此同时,普通老百姓对这些问题的发言权则越来越小,在高科技的统治下,似乎人们只能听从行政技术专家的摆布。上述情况的出现无疑有其必然性。上述现象延伸到立法领域,直接导致公众对立法的不满。

大众法律文化的兴起在总体上有利于提升立法民主性,并最终有利于增强法律的合法性。必须看到,在大众法律文化兴起的背景下,通过大众法律文化作品的演绎,法律及其相关事件将呈现出前所未有的趣味性(这是由大众法律文化的文化属性所决定的),这种趣味性不仅有利于公众打破对法律的刻板印象,使其愿意了解法律、接触法律、评价法律,同时也为立法者与公众的互动提供了一个平台,通过这一平台之上的交流与讨论,法律的价值合法性将得到夯实,法律的实践合法性也因此获得提升——更为重要的是,从现实而言,这种情况已经在全球范围内广泛出现。

以韩国为例,2011年韩国曾上映了一部名为《熔炉》的电影,该电影改编自作家孔志勇的同名小说,以2003年3月14日发生于韩国光州的一所聋哑学校中的性暴力案件为原型进行拍摄。影片上映后,该案件及其相关法律引起韩国社会广泛关注,舆论的压力致使案件进行重新调查,同时迫使韩国国会对性侵罪行量刑标准偏低的韩国法律作出了修订[①]。

就当下中国的立法而言。一方面,我们需要看到提升立法的民主性同样构成中国立法发展的重要目标[②];另

[①] 邓婕:《电视剧中的媒介暴力——以电视剧〈不要和陌生人说话〉为例》,载《新闻世界》2014年第6期。

[②] 对此,《中华人民共和国立法法》第五条有明确的规定:"立法应当体现人民的意志,发扬社会主义民主,保障人民通过多种途径参与立法活动。"而2014年12月23日中共十八届四中全会通过的《中共中央关于全面推进依法治国若干重大问题的决定》更是明确宣示"应当深入推进科学立法、民主立法"。

一方面,就现实而言,当下中国大众法律文化的兴起已经开始发挥促进立法民主化进程的效果。譬如,2003年的中国首部反映家庭暴力的电视剧《不要和陌生人说话》在国内各电视台播出,引发观众热议,"家庭暴力"问题迅速进入普通百姓的视野。有学者在经过调查后明确指出,"《不要和陌生人说话》的播出,促进了全国各地多个地方的妇女维权协会等一些公益组织社会团体的出现"①,而在这些社会团体的呼吁下,《反家庭暴力法》立法呼声不断高涨,及至2015年,《中华人民共和国反家庭暴力法》在第二届全国人民代表大会常务委员会第十八次会议上获得通过,并于2016年3月1日起施行。

(二)大众法律文化与法律移植

如上所说,法律移植是立法的一个重要方面,就当下中国而言,"当代中国在立法实践中法律移植有三种不同形式,即有关涉外法律方面借鉴外国法,在国内事务领域借鉴国外相关立法,在全球化条件下制定国内法参照国际标准"②。"法律移植构成了人们关注中国法律现代化问题的一种具体表达方式"③。

实际上,大部分学者也都承认法律移植的重要性,譬

---

① 邓婕:《电视剧中的媒介暴力——以电视剧〈不要和陌生人说话〉为例》,载《新闻世界》2014年第6期。
② 朱景文:《当代中国立法中的法律移植》,载《河南省政法管理干部学院学报》,2006年第4期。
③ 王勇:《法律移植研究与当代中国的法律现代化》,载《法制与社会发展》2008年第4期。

如郝铁川教授鲜明地提出,"中国法制现代化的主要内容是移植西方法律,人类历史上法律移植乃'常有之事',任何后起的国家都无可避免地要借鉴学习人类文明财富,西方国家起步早,我国应当大胆地把它拿过来,为我所用"①。然而,在另一方面,我们也要看到,法律移植困难性、中西方法律文化的差异性一直是当下中国法律移植绕不开的话题,"中国法律的现代化不能简单地理解为传统向现代的过渡,或移植西方法律,而实际上涉及国家利益之间的冲突,以及隐藏在这些国家利益背后更深层次的文化价值的冲突"②。

我们认为,中西方法律文化差异当然是一个客观存在的事实,而且中西方法律文化的差异将来也不可能完全消除,但从另一方面来说,法律文化"并不是形成文字的历史文献,甚至也不是当代学者的重新阐述,而是活生生流动着的"③。就此而论,即使差异巨大的法律文化也确乎存在靠拢或接近的可能——大众法律文化在世界范围内的兴起就是明证,我们认为,这种"靠拢"或"接近"将最终为法律移植的成功创造条件。

具体来说,相比较其他法律文化形态,由于不同国家的大众法律文化具有更多的相似性,因此也就具有更为靠拢和接近的理由:

---

① 郝铁川:《中国法制现代化与移植西方法律》,载《法学》1993年第9期。
② 强世功:《迈向立法者的法理学——法律移植背景下对当代法理学的反思》,载《中国社会科学》2005年第1期。
③ 苏力:《变法、法治建设及其本土资源》,载《中外法学》1995年第5期。

1. 市场经济的共同影响

如我们在第一章所讨论的那样,大众法律文化是伴随着市场经济而发展的法律文化形态,因此无论是哪一国家的大众法律文化的发展都必须遵循市场因素,必须符合具备充足的娱乐性,并进一步满足商业化要求。正是基于这样的原因,考察中西方的大众法律文化作品,无论是电影、电视剧、综艺节目还是其他方面,在题材选择和创作手法上都具有相似性,其中甚至包含直接的相互模仿乃至翻拍。举例来说,40集连续剧《少年包青天》,就被人认为有多处直接克隆日本流行推理漫画《金田一少年事件簿》[①]。而香港警察电影《无间道》更是被好莱坞直接拿去翻拍,并获得了奥斯卡奖[②]。

2. 现代传媒的无缝对接

大众法律文化主要依赖现代传媒,这是大众法律文化的一个重要特征,而另一方面,随着现代传媒的高速发展,大众法律文化传播也变得异常迅速——这种迅速传播不但消除了空间障碍,更消除了时间障碍,直接使得不同国家的大众法律文化相互交融,不分彼此。譬如,从21世纪开始,越来越多的电影开始在国内外同步上映,而不

---

① 金民卿:《文化全球化与中国大众文化》,人民出版社2004年版,第251页。

② 2002年12月《无间道》在香港上映后,扑朔迷离的故事情节和高票房很快吸引来嗅觉灵敏的好莱坞制作人,2003年,华纳兄弟电影公司以175万美元的高价买了版权,并请来大导演马丁·斯科塞斯(Martin Scorsese)执导。影片上映后,《无间道风云》(又译《无间行者》,The Departed,2006)不仅获得了奥斯卡"最佳改编剧本奖"和"最佳导演奖"两项大奖,同时也赢得了巨大的经济收益。

同法域大众法律文化生产者亦可以展开合作,共同打造大众法律文化作品①。

正因为上述原因,我们认为,随着大众法律文化在当下中国的兴起,中西方法律文化将会寻找到更多相似点,而这种相似点的增多也将为法律移植的成功创造越来越宽松的环境。

三、正确对待大众法律文化兴起所产生的负面影响

总体而言,我们可以将大众法律文化在当下中国的兴起视为一种积极的立法因素,然而,这并不妨碍我们观察和讨论大众法律文化兴起对立法可能产生的负面影响。

(一)大众法律文化兴起对立法的负面影响

1. 误导"民意"

众所周知,基于"立法是法律对情理的第一次官方表达"②的一般认识,近年来,在立法领域围绕死刑存废③等问题,理论和实务界对民意是什么,民意是否应"入法"等一系列问题进行了讨论。

---

① 譬如,从20世纪90年代开始,香港与大陆合拍了一大批隶属于大众法律文化的大众法律文化作品,题材主要为警匪、黑帮片。
② 汪习根:《化解社会矛盾的法律机制创新》,载《法学评论》2011年第2期。
③ 相关论文可参见张伟珂:《腐败犯罪死刑立法改革的特殊性研究——以死刑民意为视角》;陈银珠:《〈刑法修正案(八)〉的保守与激进:立法、民意和理论》;马建松:《国际人权公约与我国死刑立法完善》;房丽:《论中国死刑民意形成因素》等。

我们认同"民意应入法"的观点。虽然有学者认为"要防止流水的民意左右法律"①,然而,我们认为这样的观点显然将"舆论"和"民意"这样两个不同的概念混淆了——必须看到,即使在当代,"民意同舆论还是不同的,它们之间的区别是明显的"②,"民意的突出特点是非表层性和相对稳定性,民意是较大规模民众一般的内心活动和对某些事件、事态、机构、人物以及这些机构人物政策言行的相似或相同的评价,这种社会评价及社会情绪有时还可能伴随着相当规模的群体示向性活动,比如选举投票、静坐示威、演讲呼号、群发短信等。而舆论只是民意的初期形态,是处于表层的群体情绪"③,正因为如此,"民意入法"不但是必要的,也是可能的,"法律只要不以民情为基础,就总要处于不稳定的状态"④。从总体而言,"民意入法"是提升立法合法性特别是价值合法性的有效方式。

然而,大众法律文化的兴起却可能误导"民意"。以死刑为例,学术界几乎都认为死刑应当废止,然而民意却持反对意见,"民意成为死刑保留的一个最重要的理由"⑤。于是,有一个问题必须得到回答,民意为什么希望

---

① 参见苏力:《法条主义、民意与难办案件》,载《中外法学》2009年第1期。
② 童兵:《"民意中国"的破题——兼议民意及其特征》,载《南京社会科学》2014年第3期。
③ 童兵:《"民意中国"的破题——兼议民意及其特征》,载《南京社会科学》2014年第3期。
④ [法]托克维尔:《论美国的民主》(上),董果良译,商务印书馆1997年版,第315页。
⑤ 刘春花:《向死而生:公众舆论影响下的死刑正义实现》,载《理论导刊》2015年第12期。

保留死刑？传统法律文化"杀人偿命"的因素固然有,然而我们认为,这里的法律文化又不限于传统法律文化——大众法律文化同样发挥了作用。正如有学者所指出的那样,"目前中国还没有一部典型的'死刑电影',在一些影视作品中即使偶尔涉及死刑判决或者死刑执行的镜头,也多进行虚化技术处理,尤其是在思想主旨上也没有摆脱20世纪80年代电影中那种'我代表人民判你死刑'的观念模式,仍然强化的是'不杀不足以平民愤'的政治话语信息"[①],一句话,在"死刑"问题上,大众法律文化对民意的影响"功不可没"。

2. 遮蔽、排斥"民意"

此外,大众法律文化兴起还可能使立法者无法探询与获得真正的"民意"。正如我们在第一章所讨论的那样,大众法律文化虽然是一种外部文化,但并不是唯一的外部法律文化,而民意在总体上也是在不同法律文化共同作用下形成的,因此,大众法律文化及其塑造下的"受众"意见并不能完全代表"民意"。然而,在大众文化兴起的背景下,一方面,由于大众法律文化与商业机制契合最深,与现代传媒联系最紧密,因此,大众法律文化"发声"的频次和广度要远远高于一般的法律文化(譬如民间法律文化)——其甚至可以形成一种舆论层面的"公众狂欢",直接导致立法者忽略其他"民意",将大众法律文化及受其影响而产生的舆论与"民意"画等号。另一方面,

---

[①] 周详:《媒介对大众死刑观的塑造——中国废除死刑的路径分析》,载《法学》2004年第11期。

由于大众法律文化具有复杂性与流动性的特点,在现代传媒的作用下,大众法律文化极易导致"舆论"的不断转变,从而使人产生"民意如流水"的感觉,并最终促使立法者对民意持怀疑态度,排斥"民意入法"。

3. 冲击主导法律意识形态

对于立法而言,保证主导法律意识形态的地位无疑是重要的,毕竟,"意识形态是法律制度的指导思想和理论基础"①,然而,大众法律文化的兴起却可能对立法背后的主导法律意识形态造成冲击。

如刘作翔先生所言,法律意识形态与法律文化关系密切,法律意识形态"处于法律文化立体结构中内隐的、较为深层的地位"②,正因为如此,任何法律文化都抹不去法律意识形态因素,包括大众法律文化。然而,在现实中,大众法律文化特别是以"全球性媒介文化"面目出现的大众法律文化却常常显示出"非意识形态"的面孔,关于这一点,可以借用麦奎尔的分析进行剖析。麦奎尔明确指出,"全球媒介文化表面上是中立的,但事实上,它隐藏了大量西方资本主义的价值,包括个人主义、消费主义、享乐主义、商业主义"③。

麦奎尔的分析实际提醒我们,在立法者面前,大众法律文化更像一个意识形态的隐藏者——娱乐和商业娱乐

---

① 何勤华、李秀清:《外国法与中国法》,中国政法大学出版社2003年版,第640页。
② 刘作翔:《法律文化理论》,商务印书馆1999年版,第118页。
③ [荷兰]丹尼斯·麦奎尔:《麦奎尔大众传播理论》,崔保国、李琨译,清华大学出版社,第214页。

特征仿佛使大众法律文化成了一个仅仅与市场经济相关联的词汇,然而,就实质而言,大众法律文化不但包含着法律意识形态,更有可能包含着与主导法律意识形态有着相当大的距离的甚至截然相反的法律意识形态,如果我们不能对这些意识形态内容加以鉴别,那么随着大众法律文化的不断兴起,这些内容必将冲击主导法律意识形态,进而影响立法。

(二)方法与对策

正是基于以上分析,我们认为,在立法过程中立法者应主动对大众法律文化进行"透视",关注大众文化覆盖人群以外的声音,有意识地搜集、倾听网络及大众媒体之外的声音,同时,通过更为广泛和扎实有效的社会调查(民意测试)对这些不同或大致相同的声音进行专业对比分析,惟有如此,真正的民意才能获得较为清晰的呈现。

1. 对大众法律文化中的"透视"

"透视"是清醒认识的表现,也是作出准确判断的前提。根据以上对"大众法律文化"和"民意形成"之间的关系讨论,我们认为,立法者对大众法律文化的"透视"主要涉及商业利益透视和法律意识形态透视两方面。

(1)商业利益透视

就商业利益透视而言,其基本逻辑在于,立法者必须承认商业利益是大众法律文化的构成性因素,承认在大众法律文化所裹挟下的舆论制造不应被直接看作理性的民意表达。因此,在探询民意的过程中,立法者必须认真检视影响公众舆论的大众法律文化是否受到了"商业操纵"。

譬如,就"死刑"立法而言,立法者可以认真思考为什么大众法律文化作品这么热衷于以上所讨论的死刑题材——我们认为,在这其中,商业利益无疑发挥了重要作用。由于死刑的直接关联物是"死亡",而"死亡"通常蕴涵着异常性,背后往往是冲突极端化的体现,因此,与死亡相关的大众法律文化作品"足以刺激受众寻求新鲜的神经"①。

(2)法律意识形态透视

就法律意识形态透视而言,其基本逻辑在于,立法者必须承认"法律的价值不是由抽象的逻辑推论赋予,而是由具体国家的历史文化赋予的。中国法律的现代化不能简单地理解为传统向现代的过渡,或移植西方法律,而实际上涉及国家利益之间的冲突,以及隐藏在这些国家利益背后更深层次的文化价值的冲突"②。因此,立法者在立法的过程中应以中国主导法律意识形态为棱镜,充分关注"自由""平等""人权"等这些在大众法律文化作品中经常出现的词汇与表达,同时,对建立在这些抽象价值词

---

① 施喆:《〈死亡日记〉:一个媒介事件的构建和伦理分析》,载《现代传播》2011年第2期。譬如针对2000年被媒体炒得火热的陆幼青《死亡日记》,有学者就曾分析指出:"一个平常人的死亡,一下子成为公众重视的焦点,这背后是什么在操作着:商家的商业运作,媒体的恣意炒作和平庸大众猎奇心态的满足……死亡不再是死亡,书也不再是书,这一切现在只是一个事件"。可参见崔书田:《遗书、遗产,还是……》,载《21世纪经济报道》2001年1月1日。

② 强世功:《迈向立法者的法理学——法律移植背景下对当代法理学的反思》,载《中国社会科学》2005年第1期。

汇与表达基础上之立法诉求进行法律意识形态层面的推敲与反思,对以"他国法律"为基础的法律案件进行审核。

譬如,就民事立法而言,虽然与西方其他国家立法一致,我国的民事法律同样建立在承认并保障市场经济基础之上,然而,立法者必须清晰把握我国的"社会主义市场经济"的特点,并认真思考我国的民事立法究竟该如何体现这些特点。立法者必须对"私人自治""所有权绝对""契约自由""过错责任"等理念和制度进行反思(这些理念和制度常常是一些大众法律文化作品津津乐道的),必须意识到"这些理念和制度,就其起源和功能而言,只是为了参与建构某种特定的市场模式——具体来说,就是自由放任的市场模式——而精心设计出来的制度,因此并不能看作民法的'万变不离其宗'的本质"①。

2. 关注大众法律文化覆盖人群以外的声音

作为一种消除大众法律文化对立法消极影响的具体应对策略,关注大众法律文化覆盖人群以外的声音既是一种态度也是一种有效方法。

举例来说,2011年,全国人大代表,TCL集团董事长李东生向网友征集人大"两会"议案,在短时间内,有6万名网友积极参与。李东生本人认为,"本次微博征集能够收到网民如此热情的回复和响应出乎我的意料,也印证了我的更多想法,我将更加用心地关注网友的每一条建议"。李东生觉得微博征集人大议案的形式非常好,将新

---

① 薛军:《两种市场观念与两种民法模式》,载《法治与社会发展》2008年第5期。

媒体作为社会各阶层间互动沟通的桥梁。这或许将引领一种趋势,今后能够有越来越多的人大代表关注新媒体平台,以平等开放的姿态与民众互动,加速全社会的发展和进步。对此种现象,我们认为,虽然通过网络征集议案无可厚非,然而,无论人大代表还是立法者都应该充分注意到,就当下中国而言,决不应该简单将"网民"等同于人民,在网络和大众法律文化以外还存在着一个广泛的人群,我们必须获知他们的声音,这种获知是立法者必须要做的功课,否则"在缺乏代表大众的清晰声音时,至善者并未也无法保持至善,智慧者不再智慧。就他们成了一个专业阶层而言,他们被切断了同他们本该服务的那些需求所具有的知识之间的联系"①。

---

① [美]理查德·波斯纳:《法律、实用主义与民主》,凌斌、李国庆译,中国政法大学出版社2005年版,第153页。

第五章　大众法律文化兴起与司法

必须承认,作为现代法治的重要环节之一,司法具有特殊意义。"从司法对法律角度来看,作为法律实现的重要方式之一,司法对于发挥法律作用、实现法律目的、保障法律权威具有重要意义。从司法对社会的角度看,作为一种重要的社会控制机制,司法以其特有的方式(主要是审理案件),在实现解决纠纷、保障权利等法律功能的基础上,实现诸多社会功能"[①]。讨论大众法律文化问题,大众法律文化与现代司法的关系无疑是一个绕不开的话题。

一、司法与文化

司法与文化的关系无疑是密切的。一方面,从发生

---

① 高其才等:《政治司法》,法律出版社2009年版,第1页。

学的视角来看,现代司法的产生和发展在很大程度应从西方文化中寻找原因——现代司法"同个人主义、权利和自由这些深具舶来文化意蕴的概念和观念紧紧联系在一起,本身属于西方文化的组成部分,这是现代司法的文化属性"①。另一方面,若从社会学角度考察,作为现代司法核心作业的法官审判活动更是直接笼罩在文化中的作业——现代司法理论早已确认,把法官审判看成三段论的简单逻辑推理是一种主观臆想,"法官首先不是自动售货机,是而且必须是有利益追求、兴趣爱好、性格特定和能动性的人,他们在司法中不可能消极地适用法律,即使他们声称如此"②。换句话说,在现实的案件审理过程中,当客观数据无法验证或证伪经验主张时,法官常常会回到自己的直觉和常识,而直觉和常识是"文化特定的",是"一种有效但有缺陷的知识来源","在非常政治性的争议上,文化信奉要先于事实信念……以各种重叠的心理机制为基础,个体以他们关于善良社会的愿景为基础接受或拒绝有关争议政策之后果的经验主张"③。

正是基于上述理由,我们认为,"文化作为社会的一个重要方面,决定了司法的特质与品格,司法依赖于社会文化价值体系"④,"司法既具有文化的属性,又受到文化

---

① 李川:《司法中的文化冲突》,载《山东社会科学》2006年第6期。
② 苏力:《经验地理解法官的思维和行为》,载理查德·波斯纳《法官如何思考》,北京大学出版社2009年版,代译序。
③ [美]理查德·波斯纳:《法官如何思考》,北京大学出版社2009年版,第109页。
④ 陈小洁:《情理:中国传统司法的文化基础》,载《学海》2014年第3期。

的影响"①。

以下,为了更深入地揭示司法与文化的关系,我们将尝试对近代中国的司法变迁进行文化解释,并试图证明如下观点:尽管近代以来,中国的司法变迁在总体上呈现出"自上而下"的选择过程——在不同时期,中国的司法分别移植了苏联和现代西方若干内容,然而传统司法文化仍然影响巨大,传统文化与域外司法文化在近代中国司法变迁过程中共同发挥作用,不断进行着相互协作与冲突,并实际决定着中国未来的司法改革该怎么走,以及能走多远。

(一)域外司法文化的渗透与影响

1.西方司法文化

众所周知,与近代中国现代化道路相一致,近代中国的司法现代化之路在很大程度是以西方为参照而展开的。如果要进行简单概括,这一过程大致以清末修律为起点,具体动力则在于收回"治外法权"。及至民国,"中国在清末修律的基础上,移植西方先进司法理念和制度的基础上,进一步扩大选择模式的范围,通过移植日本、德国、奥地利、法国、瑞士、意大利等国的法院体制和诉讼法,结合中国国情,建立起现代化的司法制度体系"②。

然而,我们需要追问的是,在这样一个不断移植西方

---

① 公丕祥:《当代中国的司法改革》,法律出版社2012年版,第17页。
② 何勤华、李秀清:《外国法与中国法》,中国政法大学出版社2003年版,第489页。

司法制度的现代司法化道路上,西方司法文化在中国究竟有着怎样的境遇?①

正如很多学者所注意到的那样,如果从观念层面把握西方司法文化,现代西方司法文化主要是一种以"自由主义"为核心的司法观念体系,这种司法观念体系与现代西方司法制度的关系在于,"现代司法制度的两个特点——个人权利和正当程序——均以自由主义为背景,是自由主义在司法上的表现。"②我们认为,在近代中国司法现代化道路中,虽然决策者不断在制度层面与西方司法"接轨",然而,在观念层面却较少直接作出引进和接纳自由主义司法文化的努力,其直接后果就是"西方的司法制度被输入到中国后,与之适配的自由主义文化土壤却滞留西方,导致自由主义的现代司法制度对中国的水土不服"③。另一方面,我们也不能否认,伴随着对西方司法制度的模仿与移植,潜伏在制度背后的观念自由主义司

---

① 与本书第二章对法律文化的界定保持一致,本书所谓的西方司法文化并不包括西方司法制度。我们认为,虽然已有的一些研究习惯将西方司法文化看作西方司法制度的代名词,并常常在法律制度层面找寻中西司法文化差异,然而,此种分析并不利于我们抓住西方司法文化的特质——在本书看来,对西方司法文化的把握应更多集中在观念层面进行,这种"集中把握"至少有两点好处:第一,它可以提醒我们,不能简单地将司法制度的移植看作司法文化的移植——文化的影响与制度的移植并不是同步的,前者的难度更大;第二,它可以促使我们思考:伴随着西方司法制度的引入,西方司法文化在中国如何发展。
② 李霞、李川:《自由抑或儒家社群——现代司法实践的一个基本文化问题》,载《文史哲》2004年第5期。
③ 李霞、李川:《自由抑或儒家社群——现代司法实践的一个基本文化问题》,载《文史哲》2004年第5期。

法文化虽然没有整体替代中国传统司法文化,但却部分改变了中国传统司法文化一家独大的格局,其影响甚至延续至今——考察一下近年来中国司法改革中的种种言说即可发现,在司法改革的宏观话语下,自由主义司法文化一直或明或暗地存在于中国司法实践的各种努力之中,甚至以一种"普世"的面目呈现出来。

2. 苏联司法文化

苏联司法文化在近代中国司法现代化道路上发挥的作用也是明显的。众所周知,早在土地革命战争时期,中央苏区即在借鉴苏联某些做法的基础上展开了法制建设,而"延安时期的法律文化建设更是在对苏区法律制度传承的基础上完成的"[①]。新中国成立以后,在一个很长时期里,中国各方面建设实行"一面倒"的方针,全盘学习苏联,包括司法领域——对照一下我国1954年宪法和苏联1936年宪法与其他的宪法性文件,两国在司法机构的设置、职能、行政机构的建立以及刑事政策等方面都很相似。

我们认为,与近代中国引进西方司法制度,但并不直接接纳其自由主义司法文化不同,新中国对苏联司法制度的模仿与借鉴同时伴随着对其司法文化的吸收——这种吸收主要表现在全面开展以苏联司法理论为指导的法律教育,特别是司法工具论教育。"当时译成中文的苏联制度方面的教材、专著不下150种,其中约三分之一以上,

---

① 郑辉、梁星亮:《延安时期中共法律文化建设的理论渊源探究》,载《西北政法大学学报》2015年第4期。

被作为当时中国各政法院校的法律教材和教学参考书"①。

大范围、深入的法律教育直接影响了新中国司法文化,"当时我国的法学教材或论文中,普遍采用了苏联法学的主流观点,突出强调了法的统治阶级意志即阶级性"②,强调司法是一种"政治工具",对"法律面前人人平等""司法独立"等现代司法原则进行强烈的批判。同时,这种影响不仅及于当时,即使到了现在仍然存在——甚至在经过某些转换后继续为当下中国的司法改革提供话语支撑。譬如,有学者指出,司法的工具性正是法有其功能性的实际体现,也正是基于司法的工具性,我们才能够清晰地意识到当代中国的司法改革"是我国社会主义司法制度的自我完善和发展,是我国政治体制改革的重要组成部分"③。

(二)传统司法文化的绵延与烙印

一般认为,随着历史的延伸,经历了时间考验的司法实践本身会"逐渐成为一种历史文化力量,它具有深厚的社会基础,存在于普通民众的法律与司法意识、心理、习惯、行为方式及生活过程之中"④,此即所谓"传统司法文

---

① 何勤华、李秀清:《外国法与中国法》,中国政法大学出版社2003年版,第517页。
② 杨心宇、李凯旋:《略论苏联法对我国法学的影响》,载《复旦大学学报》2002年第4期。
③ 公丕祥:《当代中国的司法改革》,法律出版社2012年版,第146页。
④ 公丕祥:《当代中国的司法改革》,法律出版社2012年版,第17—18页。

化"。就中国来说,在儒家文化的深刻影响下,伴随着古代中国司法实践,古代中国实际形成了一种迥然不同于西方的司法文化传统——这一传统被很多学者概括为所谓"泛道德主义"司法文化,其主要具有以下一些特点:

其一,"德治"构成司法的最高原则。德治是儒家思想的核心内容,这一思想反映在"泛道德主义"司法文化中就是强调司法应注重道德教化,讲求宽仁慎刑。也正是基于这一思想,中国历代均设立了一系列特定司法制度,如实行复奏、会审、录囚、直诉等做法,而刑罚方面的体恤老幼妇残,注重弱势群体保护,纠正冤假错案也体现应用了审慎用刑的精神。

其二,高度关注司法官的道德水准。基于儒家"内圣外王"的政治思想,"泛道德主义"司法文化将社会有效治理寄希望于品德和才能突出的清官贤人,期望通过包拯、海瑞式的清官为民申冤、替民做主。在司法官选拔上,"大多数由科举选拔而出,他们读经读史,却不谙律例。因为科举取消了明法科,仅考经义、策论,不考书判。至于捐纳、军功出身者,问刑名,不谙律例;问钱粮,不识度支。"①

其三,高度关注具有自治内涵的"调解"等方式解决争议。对应于儒家文化中的中庸精神和"无讼"观念,鼓励民众依据儒家的纲常名教规范及民俗习惯,通过具有自治内涵的"调解"方式解决争议。

---

① 顾元:《体制与道德的背反》,载《安徽大学学报》2004年第4期。

我们认为,就当下中国司法来说,虽然司法现代化进程不可遏止,然而,立基于古代司法实践基础上的"泛道德主义"司法文化并没有随之消失,恰恰相反,作为一种"顽固"力量,其仍然发挥着巨大的影响。

一方面,就其积极意义而言,在当下中国司法实践的宏观层面,"和谐司法"等司法理念的提出亦与传统司法文化密不可分①,德治的辅助作用不可或缺;在遏止司法腐败等微观层面,传统司法文化同样发挥着重要作用,"国家、社会——特别是诉讼人以及法官群体自身都共同分享着这种文化,并且恰恰又正是这种文化使得国家所倡导的正统的司法文化和法政伦理和法官自身塑造清廉官员形象的努力结合在了一起"②。

另一方面,传统司法文化的负面影响受到了更为广泛的批评——这种批评主要基于传统司法与法治的内在张力而展开。正如很多学者所发现的那样,中国传统司法文化过分提升了道德在司法中的重要性,从而使传统司法主要依据道德的要求而不是法律的规定,司法的程序化和合法性必然不受重视。"这种法律的泛道德主义必然导致对法律的不信任,影响法律权威和机制的建构,进而动摇法律在治理国家中的重要地位,不可避免地为人治主义奠定了基础"③。此外,由于传统司法文化还包

---

① 相关分析可参见吕明:《法律意识形态的变迁——以民事诉讼中的调解为样本》,载《法律科学》2007年第5期。
② 方乐:《司法行为及其选择的文化注释》,载《法律科学》2007年第5期。
③ 公丕祥:《中国法制现代化的进程》(上卷),中国人民公安大学出版社1991年版,第145页。

含了"浓厚的厌讼和贱讼的社会心理,认为君子应当重义轻利、谦和礼让,而争讼则成为道德败坏的标志"①,这些内容同样会对司法现代化造成阻碍。

(三)不同司法文化之间的冲突与合力

正因为存在着上述种种司法文化形态,在当下中国司法实践中,不同司法文化常常以"冲突"或"合力"的形式对中国的司法现代化施加着影响。

最常见的是司法文化冲突。正如有学者所指出的那样,近代以来,司法文化的冲突是导致中国的司法领域处在剧烈的变迁的重要原因②。"在现代化的司法移植过程中,中西文化的差异和冲突首先在这些引进的制度领域表现出来,并使这些制度难以达到其在西方运行的良好状态,产生了基于文化的排异反应,也使普通民众对这些制度的可靠性产生了怀疑和不信任"③。

当然,不同的司法文化亦可以产生合力。以"司法虚无主义"为例,众所周知,从 1957 年开始,愈演愈烈的法律与司法虚无主义给中国司法发展造成灾难性的影响,一直到 1978 年,以确立现代司法制度为目标的当代中国司法改革正式拉开帷幕,司法虚无主义才得到有效遏制。今天,当我们回头再看这段历史,固然可以从经济、政治

---

① 夏锦文:《中国传统司法文化的价值取向》,载《学习与探索》2003 年第 1 期。
② 有学者因此用"司法革命"一词,指称这 60 年变迁的剧烈性。参见公丕祥:《当代中国的司法改革》,法律出版社 2012 年版,第 64 页。
③ 李川:《司法中的文化冲突》,载《山东社会科学》2006 年第 6 期。

等多个角度进行原因分析,然而如果仅从司法文化角度来考察,我们可以认为"法律虚无主义"的产生是苏联法律文化和传统法律文化中消极因素"合力"的结果。"法律虚无主义"既受到了苏联法律文化法律工具论的影响,又是传统法律文化中"轻法"观念传统的延续。

司法文化合力产生积极效果的例子亦有。譬如,有学者通过考察当下中国法官司法操作过程后惊讶地发现,"当下中国的法官在解决纠纷的过程中,实质上是充分利用了东西方两种文化之中的法律资源,并又超越了这两种法律文化中的司法运作的固有模式而采取了一套更为实用的司法策略"①。转型司法中的中国法官的司法行为"在这一'文化容器'里达致了这三种角色期待的均衡并进而内化为法官司法的动力;而有关法官的司法行为选择,则同样也是法官个人在这一文化所型构起来的意义网络或者文化共同体公共的信仰空间里做出的利弊权衡"②。

二、大众法律文化兴起对当下中国司法实践的特殊影响

基于上述分析,我们认为,在司法实践的过程中,抛弃文化的司法实践是难以想象的,同样,简单摒弃某种文化也不是司法改革的正确选择。对于中国司法改革的决策者和实践者而言,重视司法实践背后不同的文化力量,充分挖掘不同文化的积极因素,积极寻求产生司法公正

---

① 方乐:《超越"东西方"法律文化的司法》,载《政法论坛》2007年第3期。
② 方乐:《司法行为及其选择的文化注释》,载《法律科学》2007年第5期。

与效率的文化合力才是当下中国司法改革的正确路径,而这意味着我们需要在法律文化的整体框架内,综合考量、细致辨析大众法律文化兴起对于现代司法所造成的影响并提出相应对策。

(一)大众法律文化对司法民主化的推动

毋庸置疑,就当下中国司法改革的总体目标而言,司法民主是一个值得追求的重要方面。正如有学者所指出的那样,民主在当今世界已经"博得了世界性话语霸权,其至尊地位一如政治'神化',除了供人赞誉和膜拜之外,似乎已经找不到可以与之匹敌的对手了"①,"民主之所以是重要的,因为它可以使掌权者的地位合法化"②。就司法而言,提升司法的民主性既是基本政治制度安排的需要也是提升司法权威的需要,司法民主不但呼应了以"民主集中制"为原则的国家机关制度安排,同时也可以有效弥补法律和司法权威不足这一现实问题,使法律、判决和裁定获得更为广泛的认同③。

本书认为,大众法律文化的兴起在总体上有利于推动司法民主化进程。主要原因有二:

其一,大众法律文化的兴起拉近了司法与公众的距离。

一般而言,现代社会司法民主主要指向"司法的公民

---

① [美]萨托利:《民主新论》,冯克利、阎克文译,东方出版社1993年版,第4页。
② [英]戴维·赫尔德:《民主的模式》,燕继荣等译,中央编译出版社2004年版,第245页。
③ 相关论述可参加吕明、李岩:《司法民主的空间:必要性、可能性及限度》。

参与"①,而现代大众法律文化的兴起在很大程度上拉近了司法与公众的距离,为司法的公民参与创造了条件,正如我们在第一章"什么是大众法律文化"所描述的那样,当下大众法律文化作品题材选择的重要组成部分就是所谓的"法庭电影""法庭剧"——正是通过这些法庭电影、法庭剧,严肃和略带神秘的司法过程第一次以一种直观、生动、有趣甚至紧张、刺激的方式呈现在西方公众面前,并且获得了大规模传播。尽管在这样一个过程中,现实的司法过程可能会被扭曲甚至歪曲,然而无论如何,对于普通人而言,司法已不是一个陌生词(尽管他们有可能从没有进过法院的大门,甚至没有接触过法官和律师)。

就当下中国而言,上述现象同样出现。必须看到,除了少数情况下的亲身经历及阅读新闻报道,当下中国百姓对司法的最初乃至主要印象亦是通过电影、电视、流行音乐、网络游戏等大众法律文化作品建立起来的——在这些大众法律文化作品中,人们看到了法庭的布局、法官的装束,看到了法庭调查、法庭辩论,细心的公众甚至看到了大陆法系和英美法系的差异,看到了古代司法和现代司法的不同。

正因为如此,我们有理由认为大众法律文化的兴起的确拉近了司法与公众的距离,而这种距离的拉近恰恰是公众有可能参与司法的前提,毕竟对于大多数人来说,对于一个完全陌生的领域评头论足的情况是较为少见也

---

① 李立丰:《司法民主与刑罚适用》,中国政法大学出版社2015年版,第24页。

是不负责任的。

其二,大众法律文化的兴起塑造了更加自信的"公众"。

"拉近"司法是一回事,愿意"参与"则是另一回事。虽然到目前为止,我们对公众应如何"参与司法"有着不同的探讨与思考,然而,无论哪种方式,提升公众的司法参与热情是一个必要前提。

我们认为,就当下中国而言,公众对司法参与热情正处在快速增长中,这种增长原因是多方面的,现代司法影响力向公共领域的不断"扩展"就是其中之一。正如有学者所指出的那样,"30年前的中国社会是个相对封闭的社会,民众除了政治敏感性之外,对个案中所包含的社会公共事务是没有意识的,或者是不具备关心它们的社会条件的"①,而最近这些年,司法对公共领域的影响力却迅速提高,部分判决已然跳出个案意义,转而以一种参照和示范的形式引起公众关注,"关注度高的案件大都是带有公共性质,比如涉及公权、公害、公德、公民、公益等等因而引起公愤,对这类案件的审理基本上属于公共事件"②。

对司法参与热情增长的另一个重要原因则是基于所谓民意"碎片化"而生成的民意"自信"。正如季卫东教授就杨佳案所谈的那样,"随着民愤与官愤之间的张力不断加强,民众对罪与罚进行价值判断的集体意识(关于是非

---

① 孙笑侠:《公案及其背景:透视转型期司法中的民意》,载《浙江社会科学》2010年第3期。

② 孙笑侠:《公案及其背景:透视转型期司法中的民意》,载《浙江社会科学》2010年第3期。有学者提出,现代司法变得与普通人密切相关,出现了大量的"公案",譬如许庭案、彭宇案。

好坏的共识)似乎已经开始分崩离析,并逐步丧失对越轨行为的制约功能。在分离和改组的过程中,诉诸舆论以及操作传媒的各种动机正在发挥催化作用。从对死囚杨佳的同情,到对死者林松岭的态度变化多端,这个社会的集体意识渐次溃裂,确实是有迹可循的。"① 而孙笑侠教授更是直接指出,"民意从过去统一的正统价值观之下,出现了世界观、人生观和是非观的分裂化"②。我们认为,民意的碎片化③的出现直接导致民意"敢于"自信。随着统一的价值的丧失,在司法判决面前出现了诸神的狂欢,每个人似乎都认为自己发现了真理,似乎都可以指出判决书的"问题所在",参与司法的热情也由此变得不可遏制。

需要引起我们注意的是,在公众变得"自信"的过程中,大众法律文化常常发挥着催化剂的作用。由于大众法律文化常常作为一种"超文本"而存在,因此大众法律文化实际负载着包含了差异巨大的信息和价值认识,而这种"负载"一旦被不同的受众进行重新的"解码——编码",大众法律文化立即会变成不同民意的有力支撑,从而加剧民意的"碎片化"进程,进而提升公众的司法"自信"。

(二)大众法律文化兴起对司法独立构成的挑战

如果说大众法律文化的兴起对于司法民主是一种推

---

① 季卫东:《舆情的裂变与操纵》,载《财经》2008 年第 22 期。
② 孙笑侠:《公案的民意、主题与信息对称》,载《中国法学》2010 年第 3 期。
③ 有学者因此指出,"民意概念本身存在结构性的缺陷","事实上,未经拟制,以'裸'的状态体现的民意并不存在"。参见李立丰:《司法民主与刑罚适用》,中国政法大学出版社 2015 年版,第 2 页。

动因素,则其对司法独立所造成的影响主要是反向的。

西方政治和司法学说常常认为,没有司法独立就不可能最终实现司法公正。"司法独立是现代法治国家的一项重要原则和标志,司法权的正确运作和独立不羁,不仅能保障司法公正,而且还可以坚定人们对法律的信仰和对司法的信赖"①。就当下中国而言,虽然我们对上述观点持保留态度,然而在一定程度上减少法官进行司法作业所遭受的外在影响与干预,提升法官审理案件的独立性与司法权威却可以达成基本共识。

我们认为,大众法律文化的兴起对司法独立总体上构成了一种挑战,而这种挑战说到底又与在法治社会我们该如何把握司法民主的"界限"密切相关。

1. 司法民主的"界限"

必须看到,现代社会的司法民主存在着其特定的"界限"——这一"界限"就是司法民主应以尊重法律文本有效性及司法的程序性为前提,一旦司法民主突破这一界限,则司法民主对于法治乃至司法权威树立的意义将荡然无存。

就当下中国进行司法改革而言,由于司法民主对于提升司法权威、遏制司法腐败乃至维护社会稳定有着重要意义,因此充分、有效的司法民主构成了司法改革的基本方向,然而,在另一方面,我们也要看到,孕育中的中国司法民主"界限"正在遭到侵蚀,抛开法律文本和司法程

---

① 刘静:《法官的保障制度研究》,载孙谦、郑成良《中国的检察院、法院改革》,法律出版社 2004 年版,第 255 页。

序,追求所谓司法公正的司法民主实践已经有所显现,这一点 2011 年的"药家鑫案"表现得尤为明显。有学者明确指出,在"药家鑫案"发生后,传媒将"药家鑫案"与废除死刑联系起来,大肆宣扬应当让药家鑫免死,传媒的这一做法实际"是对现行法律的漠视和挑衅",其"激起的是社会公众的强烈不满"①。

我们认为,之所以会出现以上局面,司法自身当然存在许多问题,然而"民意"及其背后的大众法律文化所发挥的作用同样不可或缺。

2. 大众法律文化对"民意"的塑造及对司法独立的影响

正如本书第一部分在探讨大众法律文化内涵时所总结的那样,大众法律文化总体上是一个复合体,其对法律及法律实践的态度是多样和复杂的,虽然我们不否认大众法律文化中包含着维护法律和司法权威的积极因素,然而,在商业和现代传媒的作用下,我们同样容易发现大众法律文化包含的对法律和司法权威的消解因素。从大众法律文化产品的制造而言,大众法律文化的生产商最终只是一个普通的社会生活参与者,其有着赖以生存与发展的基本利益需求,在没有如何限制和制约的前提下,我们并没有什么可能担保大众法律文化生产者仅仅凭借其"良心"而释放出理性的能量,并做到对法律文本的充分尊重——从现实情况来看,更为常见的是大量大众法

---

① 陈柏峰:《法治热点案件讨论中的传媒角色》,载《法商研究》2011 年第 4 期。关于司法民主空间更详细的讨论,可见吕明、李岩:《司法民主的空间:必要性、可能性及限度》,载《云南社会科学》2003 年第 1 期。

律文化作品通过批评、嘲讽甚至歪曲、丑化法律制度和司法实践,获得娱乐、吸引眼球的商业效果,"有些媒体会刻意地消费普通案件中司法不公的可能性,以期达到被关注的效果从而实现其经济利益"①,而在这样一个过程中,"民意"有可能得到这样的塑造——法律及司法似乎是不值得尊重的。

我们认为,这样一种特定"民意"的产生必然会对司法独立性产生极大冲击。虽然细致"评估任何媒介对大众观点的影响和衡量这种大众观点反过来对法律判决和政策的影响,是非常困难,并且有争议的"②,然而,从逻辑推论的角度而言,这种不把法律和司法"当回事儿"的"民意"必然会为反司法独立提供正当性理由,更何况这种民意有可能与传统中国人治法律文化相结合,形成一种更为壮观的"民意洪流"。

三、以大众法律文化兴起为背景的司法改革路径审视

近代以来中国的司法体制和实践一直处在剧烈的变迁之中,即使以1999年最高人民法院颁布第一个《人民法院改革纲要》为正式起点计算当下中国的司法改革展开

---

① 陈鹏、林咏:《司法公正的负性刻板印象表现与成因》,载《人民论坛》2016年第4期(中)。
② [美]托马斯·摩哈维兹:《法律与文学》,载[美]丹尼斯·帕特森编:《布莱克维尔法哲学和法律理论指南》,上海人民出版社2013年版,第459页。

时间,亦已近 20 年①,其中过程正如有学者概括的那样,"显现出螺旋式上升的渐进发展的态势,表现在关于司法改革的决策部署上,亦经历了从'推进司法改革'到'推进司法体制改革'再到'深化司法体制改革'的变化过程"②。

时至今日,当我们回头评价中国司法改革的经验得失时,无疑有很多值得总结的地方,然而,基于篇幅及议题的宏大性,本书并无可能对此展开全面论述,唯一能做的也许就是结合大众法律文化兴起这一背景,在司法改革总体路径上做一些思考。

我们认为(也是大多数司法改革的理论工作者和实践工作者所看到的那样),中国的司法改革无疑是一个以司法现代化为目标而展开的改革进程,具有紧迫性与现实性;同时,中国的司法改革现代性亦无法以西方为样本而展开,因为二者"国情不同"。然而,正是这种既要"现代"又的确"不同"的司法改革让中国的司法改革陷入一种困难的境地:一方面,中国司法改革的理论工作者常常纠结于什么才是"更现代化"的改革,而在不同现代化话语面前徘徊斟酌徘徊;另一方面基于司法改革的急迫性,司法改革的实践者却早已等待不及,直接以"公平""正

---

① 有学者提出改革开放以来中国的司法改革大致经历了三个阶段:从 20 世纪 70 年代末即十一届三中全会到 80 年代初期,以 1982 年《宪法》的颁布为标志的司法重建阶段;从 20 世纪 80 年代中期到 90 年代中期的司法完善阶段;第三个阶段是 90 年代末开始直到现在,司法改革全面推进阶段。参见胡云腾、袁春湘:《转型中的司法改革与改革中的司法转型》,载《法律科学》2009 年第 3 期。

② 公丕祥:《当代中国的司法改革》,法律出版社 2012 年版,第 146 页。

义""效率""权威"等一些"大词"开始了"改革探索",而这些探索就其实际后果而言常常是没有认清现实,自认为现代,而实际于事无补;又或者貌似解决了某些"问题",却又背离了司法基本精神,开了"倒车",不同的司法改革措施相互抵牾甚至因此出现反复也就不足为怪了。

正因为如此,我们认为,在中国的司法改革总体进程中,唯理的建构主义路径和纯粹的实用主义路径都不是正确的司改路径——认真考察中国现实问题,同时坚定现代司法红线和底线才是当下中国司法改革的正途与当务之急。正是基于这样一种考虑,我们认为,就大众法律文化兴起这一历史现象而言,未来中国司法改革应在以下两方面做出努力。

(一)建立成熟的司法民主机制

如上所言,在大众法律文化兴起及其他多种因素的作用下,民意对中国司法参与(或者压力)的增强是一个持续的过程,而另一方面,中国未来的司法改革并无可能走西方意义上"司法独立"的老路。因此,我们认为,充分考虑如何通过司法改革,形成一种成熟司法民主机制是未来中国司法改革的基本方向——成熟的司法民主机制的建立不但能有效解决司法权威不足的问题,同时也可以被现行中国政治制度所包容,从而获得政治层面的有力支持。

当然,我们也应看到,以司法民主建立为导向的司法改革实际潜藏着巨大风险,这个风险就是司法民主能获得有效的制度约束吗(这也正是司法民主是否成熟的重要标志)？必须看到,如果司法民主不能获得有效的制度约束,民主"架空司法"的局面将会出现,而一旦出现了这样的局面,司法改革的意义将荡然无存。

正因为如此,我们认为,在大众法律文化兴起背景下,未来以司法民主为目标的司法改革必须注意两方面问题。

1. 司法民主必须尊重法律文本,坚守司法"不受行政机关、社会团体、个人干预"的宪法规则

如我们在以上部分所分析的那样,大众法律文化的兴起在总体上对司法独立构成了一种挑战,而这种挑战首先在于对法律文本的消解。虽然当下中国的司法改革不必也不能走西方司法独立的老路,然而,对法律文本的尊重同样构成中国未来司法民主机制所必须坚守的一个底线,失去这一底线,司法即无所谓司法,而法治更是无从谈起。

此外,中国未来的司法民主还必须坚持司法"不受行政机关、社会团体、个人干预"这一宪法规则。依据《中华人民共和国宪法》第125条规定:"人民法院依照法律规定,独立行使审判权,不受行政机关、社会团体和个人的干涉。"我们认为,从司法民主的角度而言,这一规定实际是为中国未来的司法民主划定了一个明确底线,即无论司法民主如何建立,司法并无义务直接回应个人或作为个人聚合体的"民意"诉求——守住了这一底线,中国未来的司法作业将保持一个相对简单的环境(主要是对法律文本法则),同时,民意本身也获得了一个可以容纳变化甚至翻转的空间。

2. 建立以党委、人大、检察院为桥梁的、正式的民意沟通渠道

那么,司法应以怎样的方式面对民意呢?我们认为《中华人民共和国宪法》第125条在为未来司法民主划定界限的同时,也为司法如何面对民意指出了方向,这一方向就是建立以党委、人大、检察院为桥梁的、正式的民意回应通道——必须看到,建立以党委、人大、检察院为桥梁的、正式的民意回应通道不但可以得到宪法的有力支撑(党委、人大和检察院对司法的干预是合宪的),同时也可以使司法机关卸掉直接面对民意的压力,最终为司法和民意的"商谈"创造良好环境。

这里需要说明的是,从我国司法实践的现实情况来看,民意通过党委、人大、检察院影响司法的局面一直存在,然而由于正式通道没有建立(责权利不清),其更多是以一种"压力传导"的模式呈现出来的,是一种"间接无权拟制"①,而这样一种"压力传导"所产生的司法民主的效果往往是有限甚至是负面的,体现在三个方面:

一是具有随机性。由于党委、人大、检察院三机关并无直接义务将民意传递给司法机关,因此,民意通过这些

---

① 所谓"民意的无权间接拟制",是指民意的形成并非有权或者被授权机构依法作出,"未经合法固定,因此不仅仅其表达方式可以是多种多样,更容易出现观点的随意反复。参见李立丰:《司法民主与刑罚适用》,中国政法大学出版社2015年版,第3页。

机关传递给司法机关的可能是随机的,而民意在得不到有效传递和回应的情况下,极有可能采取其他途径,甚至影响社会安定。二是简单过滤性。随机性还会直接带来民意传递的"简单过滤"性,在现实背景下,最有可能出现的情况是,三机关倾向于将媒体发音强烈的"民意"向司法机关传递,而这样一种简单过滤的传递就有可能导致司法机关误判并做出不适当的裁决,因为民意的实际情况与媒体对民意的呈现情况往往并不一致。三是模糊性。由于三机关是法律监督机关,在正式制度通道未建立的情况下,司法机关无法判定仅仅是一种"民意"传递还是代表了法律监督机关的监督意见——司法机关将因此无所适从。

正因为上述原因,我们认为,建立以党委、人大、检察院为桥梁的、正式的民意沟通渠道,关键是"正式"二字——必须明确规定三机关在发挥"桥梁"功能时所承担的"责权利",必须在程序上规定法院应如何面对三机关传递来的民意,并如何进行反馈。唯有如此,这一渠道才能真正发挥其作用。

(二)以法官职业素质提升为依托,加强法官传媒素养的教育

在当下关于司法改革探讨及相关实践中,法官的职业素质提升是一个受到高度关注的领域[①],其内在的原因

---

① 正因为如此,早在 1999 年 10 月最高人民法院发布的《人民法院五年改革的纲要》中就将法官素质问题列为人民法院面临的第二大问题。

或如有学者所指出的那样,"法官的思维成果不过是其作为人的各项素质的综合反映"①。然而,当下法官应具有什么素养呢?是否应将法官的媒介素养作为法官职业素质的组成部分呢?对此,早在十年前,苏力就曾明确指出,"法官素质并不是一个天然的问题,它是整个社会变化的一个结果。法官素质作为一个问题凸现的是作为总体的中国社会的变化,凸现了中国法院性质的变化,凸现了中国法院审判所需求的知识类型的变化"②。换句话说,苏力的观点传达了一个回归"常识"的判断,与大多数职业一样,法官应该具有什么样的职业素质并无可能预先给定——随着政治、经济的发展,法官职业素质结构空间一定处在不断调整变化中。就本文而言,我们认为,在大众法律文化和现代传媒兴起的背景下,法官媒介素养的提升应引起司法改革的充分关注。

根据约瑟夫·塔洛的定义,媒介素养是"应用批判性的大众传媒分析技巧,获取、分析和评价不同形式的信息,并就信息进行交流的能力,它可以使我们在这个媒体支配的社会里成为更敏锐、更有责任感的公民"③。具体就法官媒介素养而言,讨论法官的媒介素养问题至少具有两方面意义:一方面,在信息传媒时代,"法官"并不是什么特殊的群体,其同样是现代传媒笼罩下的个体,他们

---

① 怀效锋:《法官行为与职业伦理》,法律出版社 2006 年版,第 291 页。
② 苏力:《法官素质与法学院教育》,载《法商研究》2004 年第 3 期。
③ [美]约瑟夫·塔洛:《今日传媒——大众传播学导论》,华夏出版社 2011 年版,第 30 页。

并无可能真正做到对媒体及其营造的大众法律文化环境"不理不睬","传播媒介及其形成的文化氛围,已经是我们无法逃避的生活环境,它既影响我们每个人的感官、理解、情绪与价值,甚至也影响到我们每个人的生存感受和工作机会"①。另一方面,法官的职业也要求法官必须与大众法律文化在内的传媒信息保持一定的距离,具有较强的"免疫力"。

正是在这样的意义背景下,我们认为当下中国的司法改革必须关注法官的媒介素养问题——法官的媒介素养主要表现为两种司法能力:

1. 对传媒材料进行分析和衡量的能力

众所周知,法学方法论中有所谓的"具体的妥当性"问题。这种"具体的妥当性"主要指向司法判决作业中的法律解释问题,即相对于"同案同判"的审判结果,个案的法律解释应是"具体与妥当"的。我们认为,在法官进行司法作业的过程中,如果其具备较强的分析、衡量传媒材料的能力,则其所做出的法律解释将"直视社会的实际需要,把握现时生命的社会诸事象,始不至架空"②,"具体的妥当性"目标也将由此达成。

同时,具备较强的分析和衡量传媒材料的能力,还可以有效帮助法官揭示隐藏在传媒材料(包括大众法律文化作品)背后的商业力量、地方利益、团体利益乃至公权

---

① 夏春祥:《从媒介批评到媒体素养:论传播生态中的媒介改革》,载雷跃捷编:《大众传播与媒介批评》,中国传媒大学出版社2010年版,第69页。
② 杨仁寿:《法学方法论》,中国政法大学出版社2013年版,第135页。

力诉求,从而"加强对自己裁判的确信"①。对此,有学者明确提出,"当舆论对犯罪嫌疑人和被告人进行一致谴责时,具有高素质的法官就会更加注意证据审查,以自己的法律素养审查案件事实,按照法定程序进行裁判;同时以严密而有逻辑性的判决书取得社会舆论的赞同。"②

2. 沟通和传播的能力

虽然,如本书以上所言,司法并无法律义务直接回应民意,同时设想了"以党委、人大、检察院为桥梁的、正式的民意沟通渠道"的建立。然而,在现实背景下,在这样的渠道尚未建立时,法官仍应将司法判决能获得更多的媒体支持作为一个基本目标。在司法与媒体时常冲突的背景下,法官必须学会主动与传媒进行沟通,同时,通过传媒展开适当传播,争取包括民意、媒体乃至公权力在内的各方面力量对判决作业的广泛支持,扩充其"思维成果"的合法性基础。

具体来说,我们认为,法官沟通和传播能力涉及两方面:

首先,法官应及时、有效与媒体进行交流。法官应学会在法律范围内、采用合适的方式及时通报案件信息,回应媒体疑问,获得媒体支持。在这样一个过程中,法官应充分注意媒体的需求(新闻需求和商业要求),尝试在遵

---

① 吕芳:《司法改革视野中的新闻自由与审判独立》,载孙谦、郑成良主编:《中国的检察院、法院改革》,法律出版社 2005 年版,第 421 页。
② 吕芳:《司法改革视野中的新闻自由与审判独立》,载孙谦、郑成良主编:《中国的检察院、法院改革》,法律出版社 2005 年版,第 421 页。

守法律和职业道德的前提下实现司法与媒体的"双赢"。

其次,法官应通过媒体向民众甚至向党政机关及时、准确传播信息。关于这一点,一些法官是有着切身体会的,他们甚至发出了"法官适法要体现法律扩张力"的呼声,法官"通过宣传来扩张法律和司法的影响,既可以节省后续的司法成本,也可以节约社会成本,减少案件的发生,从根本上缓解目前大多数法院'案多人少'的压力"①。

---

① 许鹏:《法律之外——一名一线法官眼里的法官培训》,载《法律适用》2009年第2期。

第六章　大众法律文化兴起与法治教育

　　法治教育无疑是法治建设的重要组成部分。以美国为例,早在1642年殖民地时期,教育学家、立法者等众多美国杰出人士就呼吁在校学生应学习法律知识,而"真正意义上的美国法治教育,是作为公民教育的一部分,伴随着公民教育的发展而产生的"[①]。

　　一般认为,新中国的法治教育正式起步于20世纪80年代[②]。1985年11月12日,第六届全国人民代表大会常

[①] 李先军、张晓琪:《美国中小学法治教育的历史演进、特点及启示》,载《外国中小学教育》2015年第5期。

[②] 我们认为,改革开放之前,中国普通百姓所接受的法治教育是可以忽略不计的。一方面,基于中国传统法律文化的影响,对于大多数人来说,法律是神秘的,关于法律的直接体验也较少,惩罚性构成了普通中国百姓对法律的最重要的认识,普通人的法律知识主要来自于父母教育和日常的社会经验积累。另一方面,在现实社会中,道德和政策扮演重要角色,因此,个体的法律知识和法律意识往往与道德意识、政治意识高度重合,独立的法律意识并未形成,个体守法动机则主要基于道德风俗习惯的遵守或者政策(法律)威慑。

务委员会第十三次会议通过《全国人民代表大会常务委员会关于在公民中基本普及法律常识的决议》,明确将"法制教育"纳入其中,而在此后的三十年里,中国的法治教育(法制教育)也作为普法的重要环节,历经了从"一五"普法到"六五"普法的不断深化,并于2014年,以《中共中央关于全面推进依法治国若干重大问题的决定》的发布为标志,实现了从"法制教育"到"法治教育"的转型。

对于中国的法治教育,正如有学者所概括的那样,"三十年的法治教育(法制教育)一直都在试图通过学校教育和实践教育的结合,给公民勾画一幅在日常生活工作中以法治思维来确定'什么可以做,什么不可以做'的依法办事的清晰图景"①。然而,在另一方面,我们也要承认,三十多年的中国法治教育并未完全达到预期的效果,"大多数学者对当代中国普法活动的看法与国家普法部门的认识、评价大相径庭"②,有学者甚至直言不讳地指出,国家在全社会中普及法律知识,推行依法治理运动的努力不可能一点成效没有,但亦不可过高估计这一努力的效果,尤其是在农村地区③。正因为如此,我们认为,在建设社会主义法治体系,全面推进依法治国的背景下,我们需要对已有的法治教育进行充分检讨,同时结合本章

---

① 张晓燕:《国家治理背景下的公民身份及法治教育》,载《云南师范大学学报》2015年第5期。
② 张明新:《对当代中国普法活动的认识与评价》,载《江海学刊》2010年第4期。
③ 吕敏、杨艺文、蒋立山:《中国农村地区的法治现状与前景分析——关于农村"依法治村"的研究报告》,载黄芝英:《中国法治之路》,北京大学出版社2000版,第341页。

主题,对中国法治教育未来发展提供对策性建议。

一、法治教育检讨及法律文化的意义

(一)法治教育检讨

为什么要进行法治教育,这是我们在进行检讨之前必须首先回答的问题——常见的答案是,法治教育是为了培育所谓"守法精神"。

毋庸置疑,培养公民的"守法精神"的确构成现代中国开展法治教育的重要原因,甚至是主要原因,其早期的实践逻辑可以表述为"基于社会发展的客观现实(恢复社会秩序,公民权利意识和法制观念淡薄)以及'法律是统治阶级工具'的法制观,法治教育(法制教育)的目标是强调培育有利于'秩序维护'的'消极守法公民'"[①]。20世纪90年代以后,随着经济社会的发展,"守法精神"的培养目标得到了进一步丰富和完善,其不仅指向一般性的、遵守法律秩序的"消极守法",更是包含了"用法维权"的"积极守法"内容。

本书认为,即使在全面建设社会主义法治体系的今天,将培养守法精神作为法治教育的目标也是妥当的。毕竟,守法精神构成了现代法治的核心元素,因此,守法精神也应该成为现代法治教育所追求的基本目标。

---

① 张晓燕:《国家治理背景下的公民身份及法治教育》,载《云南师范大学学报》2015年第5期。笔者认为,也正是因为这一目标的存在才使法治教育与德育教育具有相当的重叠性,甚至使法治教育从属于德育教育。

然而，我们的讨论并不应该到此为止——考察中国三十多年法治教育史可以发现，相对于目标的确定性，已有的法治教育在策略上存在许多值得商榷的地方。

1. 法治教育的两种策略

就现实而言，我们大致可以将中国的法治教育策略分为两类：(1)"知法、守法"式法治教育；(2)"知法、维权、守法"式法治教育。

首先是"知法、守法"式法治教育。必须看到，在我国法治教育启动之时，法治教育实际是由"知法、守法"命题支撑起来的。在法治发起者及当时多数参与者看来，"知法"与"守法"是一种正比例关系，社会个体法律知识的增加意味着其"守法"可能性的增加，而之所以会出现"有法不依""执法不严"等"不守法"现象，主要原因在于"不知法"，特别是不知道违法后果的严重性。因此，"要在全体人民中间反复进行法制教育，从小学到各级学校都要设置有关法制教育的课程，努力使每个公民都知法守法"①。

正是在"知法、守法"命题的支撑下，让公民了解"具体的法律知识"及"法律的重要性"构成了法治教育的基本内容，同时，对"违法后果"特别是刑事违法后果的强调则成为法治教育的另一个重要的内容——考察"一五"普法可以发现，除宪法外，刑法及刑事诉讼法构成了普法最

---

① 胡耀邦：《全面开创社会主义现代化建设的新局面》，载《十二大以来重要文献选编》(上册)，人民出版社1986年版，第35页。

为重要的内容。①

然而,"知法、守法"并不是支撑我国法治教育的唯一模式——20世纪80年代末、90年代初,随着市场经济体制的逐渐形成,中国法治教育的支撑命题开始转化为"知法、维权、守法",法治教育不再被简单看作"知法、守法"的过程,相反,通过法治教育,让受教育者感受法律(特别是民法、经济法等部门法)的便利性和有效性而不是获得守法的义务感,并学会"用法维权"而不是"依法维权"成为法治教育的目标所在。此时,一般性的"知法"已不再直接与"守法"相联系,一个更具体的路径是,法治教育者通过鼓励受教育者"用法维权"来增强法律对社会生活的影响力,而一旦受教育者愿意选择"用法维权"即意味着法律取得了相对于其他社会规范(道德、风俗、习惯等)更为显赫的地位,原本曲折复杂的社会矛盾因此进入了法律通道,并最终接受法律的裁决,一种更积极、更具活力的守法样态似乎由此得到实现。

2. 对法治教育的两种策略的评价

我们认为,上述两种以"知法"为起点的命题都没有在"法治教育"与"守法"之间建立真正的因果联系——正是这种因果联系的缺乏直接造成了我国当下法治教育"性价比"不高。

首先,就"知法、守法"命题而言,"知法"与"守法"之间实际存在着巨大的悬疑空间。我们很难断言,"获得具

---

① 蔡定剑:《历史与变革——新中国法制建设的历程》,中国政法大学出版社1999年版,第218页。

体法律知识"或"知道法律后果"必然有利于"守法"——某些调查结果恰恰证明了一个相反的倾向,在法律知识水平较低的人群中,"对权威和法律的信仰程度反而较强,掌握知识愈多,也愈会对现行法律进行批评"①。

其次,就"知法、维权、守法"命题而言,虽然部分填补了法治教育与守法之间的悬疑空间,然而却并不完整。虽然我们承认在市场经济逐渐形成的历史时期,"知法、维权、守法"命题的到来有其历史必然性,或者说,在一个缺少权利意识的国度,法治教育对"权利意识"的强调确实起到了一种有效的思想启蒙的作用②,然而,当启蒙的任务已经完成或接近完成,我们有理由担心,那种强大维权热情只是一种基于个人诉求的功利表现(并不是直接基于对法律的尊重),一旦这种功利性的维权热情与法律能力形成巨大张力,甚至直接冲突时,其同样可能冲破法律的堤坝,而不是期待中的"守法"与社会稳定。

(二)法律文化对法治教育的意义

那么,究竟应该如何通过法治教育达成守法精神的获得呢?我们认为,在这一方面,法治教育首先应该有一个自谦的态度,即法治教育的决策者和实施者必须清醒

---

① [德]托马斯·莱塞尔:《法社会学导论》,高旭军译,上海人民出版社2011年版,第306页。
② 其意义正如有学者所概括的那样,"为权利而斗争是培养和树立公民法感情的重要途径……是达致法律信仰的铺路石"。参见蔡宝刚:《为权利而斗争的价值——以重庆"钉子户"事件为例的法理省思》,载《法学》2007年第6期。

地意识到,守法精神的达成最终有赖于对法律正当性和神圣性的充分认同,而这一认同必须建立在市场经济完善、社会发展等诸多因素之上,法治教育并无可能抛开这些因素"单兵突进"。其次,与本书主题相关,法治教育还需要认真思考其与法律文化之间的关系。在很大程度上,我们绝不能将"守法精神"简单看成"知法"层面上的法律理念或知识的单项灌输与教育——"守法精神"的达成在本质上毋宁被看作一种是由教育者和受教育者所共同实施的法律文化互动、传播甚至进一步建构的过程。

1. 主导性法律文化决定了法治教育的深层目标

正如在本书第二章我们所讨论的那样,所谓"主导性法律文化"就是反映统治阶级利益和意志的法律文化,其以旨在宣传、论证、传播、强化统治阶级的法律意识形态为核心,并在法律文化的整体结构中居于主导地位。必须看到,虽然当下中国的法治教育以塑造"守法精神"为直接目标,然而,从其深层结构而言,这种"守法精神"一定是包容在主导性法律文化中的"守法精神"——主导性法律文化特别是其中的法律意识形态部分决定了什么样的法是"善法",什么样的法值得"遵守",以及为什么要"守法",从而也就决定了法治教育的深层目标。而从法治教育接受者的回应来看,主导性法律文化存在还意味着守法精神的培养必须以对主导法律文化所承认的"善法"认同为前提——丧失了这样一种认同,"守法精神"的培养一定是不牢固的,或者流于功利或者流于威慑。

2. 主导性法律文化决定了法治教育的策略和方法

主导性法律文化不但决定着法治教育的深层目标,

也决定着法治教育可能采取的策略与方法。以美国为例,近一个世纪以来,由于实用主义哲学的深刻影响,美国主导性法律文化呈现出极强的实用主义特点,相应地,美国的法治教育也强调实用性,强调法律职业教育,其教育内容不仅有法律基本知识,更有法律职业能力和技巧。关于此点,最有说服力的事件莫过于1978年美国国会通过了《法治教育法案》(Law-Related Education Act of 1978),该法案不仅赋予法治教育独立身份,同时将法治教育(Law-related education)定义为"使非法律专业者获得与法律、法律程度、法律系统有关的知识和技能并领会其赖以建立的基本原则和价值的教育"①。就中国而言,当下中国主导性法律文化同样直接决定了法治教育的策略与方法,由于我国主导法律文化具有强烈的意识形态特征,这就决定了我国的法治教育必须作为思想政治教育的有机组成部分,这是法治教育的基本策略方针,"社会主义"构成我国法治教育坚定不移的限定词。同时,在方法上,社会主义法治教育则与一般的思想政治教育方法高度相似,在总体上同样以"自上而下"灌输的教育方法为主。

3. 法律文化环境深刻影响受教育者的法律意识,并进而影响到法治教育的效果

然而,法治教育并不只受主导法律文化影响,相反,在开展法治教育之前,甚至整个法治教育的过程中,由于

---

① Leming, R. S. Essentials of Law-Related Education. ERIC Digest. Citizenship Education, 1995:4.

受教育者的法律意识受到了法律文化环境的影响,特别是"法律亚文化"的影响,法治教育的效果也会呈现出不同。

"法律亚文化"的概念直接源于文化研究中的"亚文化"概念。对于"亚文化",美国学者波普诺(David Popenoe)在其所著权威教材《社会学》一书中曾有如下的定义:"从广义上来说,亚文化通常被定义为更为广泛的文化的一个亚群体,这一群体形成一种既包括亚文化的某种特征,又包括一些其他群体所不包括的文化要素的生活方式。"[①]更进一步而言,亚文化概念本身实际包含着与主导文化区别甚至相对抗的意味,而亚文化群则意味着对亚文化的认同的群体存在。

承接上述观点,我们完全可以将"亚文化"概念作为一种理论工具推演到法律文化领域。一方面,我们可以认为,相当数量的个体法律意识(包括其是否具有守法精神)实际受到其所在的法律亚文化的影响,正是"法律亚文化"的存在使这些群体无论"是否接触过法律,都会有正义感或非正义感,会本能地知道:什么是允许的,什么是禁止的"[②]。另一方面,由于法律亚文化与主导性法律文化有着明显区别,某些法律亚文化甚至直接与主导性法律文化相对抗,因此,我们完全可以将法治教育看成一

---

① [美]戴维·波普诺:《社会学》(第十版),李强等译,中国人民大学出版社1999年版,第78页。
② [德]托马斯·莱塞尔:《法社会学导论》,高旭军等译,上海人民出版社2011年版,第300页。

个主导法律文化不断扩展,同时排除"法律亚文化"干扰,重新塑造公众法律意识的过程——基于这样一个过程,当个体法律意识所处的法律亚文化与主导法律文化较为接近时,法治教育将变得较为容易,相反,如果个体法律意识所处的法律亚文化与主导法律文化差异巨大,法治教育将变得困难重重[①]。

二、大众法律文化兴起对当下中国法治教育所造成的影响

必须看到,无论我们怎样看待大众法律文化,大众法律文化在当下中国的兴起对中国法治教育所造成的影响是显而易见的——这种影响既包括对受教育者的直接影响,也包括对教育活动本身的影响。

(一)大众法律文化兴起对受教育者的直接影响

如我们在第二章所讨论的那样,大众法律文化乃至大众文化具有超越性的特征,随着大众法律文化的兴起,大众法律文化的这一特征将直接导致其对社会和公民个体产生复杂的影响:一方面,大众法律文化可能有助于提升公民法律意识,鼓励公民积极参与法律实践,贯彻主流法律意识形态,助推立法、司法、守法等法律实践诸环节良好效果的达成;另一方面,大众法律文化亦有可能发展成为蔑视法治、消减法律信仰的负面空间。在这方面,美

---

① 就此而论,我们认为,生活在传统人治文化占主导地位的社会群体很难在一个较短时间段内形成现代法治意识。

国大众法律文化研究的矛盾结论是一个很好例证①。

20世纪80年代以来,伴随着大众社会的出现及大众法律文化的兴起,大众法律文化对当下中国的法治教育的复杂影响主要表现在以下几个方面:

1. 大众法律文化促进了公众独立法律意识的产生

正如我们在第三章所讨论的那样,由于大众法律文化的兴起与传播,公众更加形象直观地接触和了解了现代法律话语,虽然"一般的公众当然不了解法律的复杂性和曲折旋绕的特点。某些误解已经模式化了、系统化了并且大量存在。法律毕竟不直接影响公民的行为。影响其行为的只是大众传播媒介传送的信息"②。另一方面,公众第一次发现这些法律符号并不能以传统道德善恶或

---

① 对于美国的大众法律文化,保罗·伯格曼认为,"一些优秀的美国法律题材电影至少实现了一项职责,将某些社会体制内在的艺术潜力开掘出来,将它们提升至人性的高度加以表现,并最终反馈于社会,对世态民生做出负责的阐释,并能够影响普通人的价值观念"。中国学者刘作翔教授亦认为,"美国人'尊重法律文化',并不是小学'公民课本'的作用","'法制文学'承担着令一般人能理解法律、尊重法律的政治使命","在美国东部和中部的大城市中,流行的法律小说和侦探小说,尽管其中难免有庸俗之嫌,但却能收到使美国群众敬畏法律的效果"。然而,另一些关于美国大众法律文化的相反判断亦同时存在,一份较早的资料显示,在20世纪七八十年代的美国,"在观众最多的时间内(晚上),电视播放大量以警察为内容的节目",而这些节目"给可能的犯罪者提供如意算盘并且对暴行造成的真实的痛苦和恐怖轻描淡写,从而严重地影响美国人对暴行和犯罪的态度"。相关引文参见保罗·伯格曼等:《影像中的正义——从电影故事看美国法律文化》,海南出版社2003年版;刘作翔:《法律文化理论》,商务印书馆2004年版;李·S.温伯格、朱迪思·W.温伯格:《论美国的法律文化》,潘汉典译,载《环球法律评论》1985年第1期。

② [美]劳伦斯·M.弗里德曼:《法律、法律家和大众文化》,刘忠慈译,载《法学译丛》1990年第2期。

好坏来进行分类,也无法从宗教和风俗习惯进行一以贯之的解释——道德、宗教、风俗习惯在法律现象和法律实践面前常常处于失语的境地,而这种失语的状态,迫使个体必须认真区分法律和其他社会规范的道德的差异,在善与合法、恶与非法之间做出区分,这样,一种区别于其他社会规范的独立法律意识最终产生。

2. 大众法律文化促使个体的"守法意识"发生剧烈分化

一般来说,在传统社会,守法主要基于道德、宗教及风俗习惯的认同或法律威慑。然而,伴随着大众社会的形成、独立法律意识的产生及法律神秘感的消失,一般的社会规范的认同和法律威慑已不足以完全支撑起公民的守法意识。就西方来看,从19世纪中叶开始,人们就发现,"西方许多国家已完成了资产阶级革命后","犯罪现象日趋严重,引起了政府和公众的普遍担忧"①。就中国而言,近代以来,"守法"同样遭遇了巨大的挑战,而这种挑战在"文革"时期达到了极致。

及至20世纪80年代,伴随着大众法律文化的兴起,中国公众的"守法意识"发生了新的变化,并呈现出截然不同的两个方面:就正面而言,"由于深受西方影响的教育及大众传播逐渐普及,一些人也开始采用比较西方的'个人主义标准'作为日常生活行为的准则及主要的动机来源。同时,由于市场机能的扩大,也提供了许多不是由上而下控制的资源,人们可以有更多机会与陌生人建立

---

① 魏平雄:《犯罪学教程》,中国政法大学出版社1998年版,第51页。

工具性或公平性的关系"①。就负面而言,早在大众文化和大众法律文化兴起后不久,人们就注意到了大众法律文化与青少年犯罪之间的内在关联:"一方面,地摊读物、暴力文学和低格调享乐为主的庸俗文化与青年的虚荣心理一旦契合,享乐文化便风靡而行。另一方面,'性文化'的泛滥,宣扬色情的印刷品、音像制品充斥各个角落,卖淫、婚外同居等现象沉渣泛起,死灰复燃;再加之手相、算卦风行,迷信蔓延滋生,诱发了青少年亚文化中的蒙昧主义、神秘主义倾向。这些都反馈出当代青少年信仰的缺失、错位,这无疑是诱发青少年犯罪的重要根源。"②

3. 大众法律文化对法律亚文化的影响

必须承认,如果我们仅仅将大众文化理解为使大量普通市民获得感性愉悦的日常文化形态,那么大众文化与亚文化的抵抗性、边缘化特征之间显然存在着重大区别。然而,实际的情况是"亚文化与大众文化并非是水火不容,相反,它们常常相互借用和催生"③:一方面,"亚文化群借用、盗用大众文化的符号,把不同的文化商品作为

---

① 周安平:《面子与法律》,载《法制与社会发展》2008年第4期。
② 王宏宇:《青少年犯罪的文化根源》,载《当代青年研究》1996年第4期。实际上,亦有一些西方学者发现,"许多通俗文学作品贬损罪犯、强化种族和伦理陋习,以不真实的方式描绘国际关系的非常状态(如战争、间谍等)。这样的作品往往塑造了公众态度,这些公众态度反过来可能影响以下事项所采取的法律手段:违法者的程序权利,下层阶级的福利和其他社会要求,为保护国家安全而对个人权利进行的限制"。参见托马斯·摩哈维兹:《法律与文学》,载[美]丹尼斯·帕特森编:《布莱克维尔法哲学和法律理论指南》,上海人民出版社2013年版,第459页。
③ 胡疆封:《反文化、大众文化与中国当代青年亚文化》,载《新疆社会科学》2008年第1期。

半成品和原料,进行拼贴、戏仿和即兴改编,对大众文化、权威和经典进行了解构,构成了具有独特风格的亚文化现象";另一方面,"大众文化也常常从亚文化那里汲取灵感和资本,进行复制和大量生产,形成流行的时尚"①。

具体就当下中国的大众法律文化和各种法律亚文化之间的关系而言,我们可以看到类似的情况。一方面,大众法律文化在当下中国的兴起直接促成了当下中国法律亚文化的变迁,另一方面,法律亚文化则借助大众法律文化扩大了传播。以20世纪90年代拍摄的《古惑仔》系列电影为例,该系列电影实际反映的是香港黑社会青年的"法律亚文化",主要讲述了"陈浩男、山鸡带领一班兄弟,总可以有化险为夷、战无不胜的经历"②,其"与以往黑帮片的区别在于,它是'后现代'都市环境下关于年轻人的黑帮片,一切传统的价值观念面临解构"③。然而,正是这种反映"法律亚文化"的电影,最终却融入大众法律文化的洪流中,其最终意义正如有学者所指出的那样,"20世纪90年代的古惑仔系列,不但自身的票房取得了成功,而且带动了一批影片,为日趋滑落的香港电影业起着积极的作用"④。

---

① 胡疆封:《反文化、大众文化与中国当代青年亚文化》,载《新疆社会科学》2008年第1期。
② 田昊:《黑色浪漫的青春亚文化》,载《电影文学》2005年第10期。
③ 周燕:《年轻且危险——古惑仔的类型世界》,载《电影理论》2004年第3期。
④ 周燕:《年轻且危险——古惑仔的类型世界》,载《电影理论》2004年第3期。

(二)大众法律文化兴起对法治教育的策略与方法的影响

如上所言,我国的法治教育一直是被作为思想政治教育有机组成部分而存在的,因此,改革开放以来,在一个较长时间段内,我国法治教育在教育策略上强调法治教育与思想政治教育的融合①;在教育方法上强调以思想政治教育的一般方法为依托,通过自上而下的宣传与灌输,让受教育者了解社会主义法律的精神、原则、制度,并进而形成守法精神。然而,伴随着大众法律文化的兴起,法治教育的传统策略与方法正遭遇挑战。

1. 思想政治教育的权威性与法治教育的属性问题

改革开放以来,伴随着大众文化的兴起,思想政治教育的权威性首先受到了挑战。正如有学者所概括的那样,"大众文化保障大众现实利益,大众文化没有主流意识形态,只有商品消费,或者可以说商品消费同时就是其自身的意识形态。随着大众文化的蔓延和商品消费意识形态的扩散,主流意识形态从中心地位推向边缘,大众也从关注主流意识形态转向关注日常生活"②。

正是在这样的背景下,我们吸取西方发达国家的经验,疏离意识形态,倡导公民教育,将法治教育纳入公民

---

① 中学的"道德与法治"课、大学的"思想道德修养与法律基础"课都反映了这一特点。
② 方石英:《论大众文化对高校思想政治教育的挑战及对策》,载《探索》2009年第2期。

教育的范畴①,以公民教育统摄法治教育和道德教育的声音开始出现。其基本观点为,道德教育与法治教育都是构成公民教育的有机组成部分,"其中,公民道德教育的使命,是培育健全自律的公民所必备的公民道德;公民法治教育的任务,则是培养公民在现代国家之法治条件下的政治参与意识和能力",同时认为,将法治教育纳入公民教育的范畴,符合现代法治所确立的"个人—国家"二维框架,亦可以满足大众文化背景下,"个体日常生活相关的教育内容却越来越受欢迎"②的现实,从而提升法治教育的实效性。

2. 法治教育的方式

大众法律文化的兴起对法治教育的另一个挑战则在于对自上而下的灌输方法的挑战。

如我们在第一章所论述的那样,在现代社会,现代化的影视技术、多媒体技术、互联网技术令通俗的大众法律文化呈现出极大的魅力,公众因此受到大众法律文化的极大的诱导,相比之下,传统的强调自上而下进行灌输的法治教育方法则显得十分苍白无力。正是在这样的背景下,法治教育的方法开始出现了新的变化,譬如通过播放法律电影让学生体验、认知现代法律现象和法律精神已

---

① 法治教育一直是西方公民教育的重要组成部分,在公民教育形成初期,教授宪法就"成为一种普遍的教育形式"。参见:付轶男:《美国现代化进程中的公民教育与道德教育关系》,东北师范大学出版社2015年版,第87页。
② 方石英:《论大众文化对高校思想政治教育的挑战及对策》,载《探索》2009年第2期。

成为高校法治教育的重要手段①。而在全民普法活动中，从"三五"普法开始，借助网络等新媒体的广泛使用，大众法律文化已成为普法的基本资源，"受众从法制信息被动接受者转变为主动接受者乃至传播者，他们将围绕切身利益和所关心的公共事件，或者基于特定网络社区所关注的法律问题而接触、了解和讨论法律问题。如此一来，公众基于新媒体的普法路径绕开了政府普法路径，相当于在传统普法阵地之外开辟了第二普法阵地，在这个阵地里，普通公众既是普法对象又是普法者，而公众的'国家法律＋生活经验＋利益诉求'的法律综合体效应被无边际地扩散，进而挑战传统普法宣传的教育模式"②。

三、如何面对：未来中国的社会主义法治教育

基于上述认识，我们认为，在大众法律文化兴起的背景下，未来中国的社会主义法治教育必须在认识与策略上进行重大调整——应将社会法治教育看作由教育者和受教育者共同实施的法律文化互动、传播甚至进一步建构的过程，而在这样一个过程中，至少有三方面内容值得我们特别关注。

---

① 正如有学者所指出的那样，"电影能够在相当程度上弥补现行法学教育的欠缺……通过将理性的却又沉闷的法律和多彩而浪漫的电影结合起来，法学教育可以利用更加生动且更加互动的教学方式来对学生传授法学知识"。参见张万洪、程鹜：《缤纷法影：美国电影中的法律》，法律出版社2012年版，第2页。

② 林凌：《法制宣传教育：从普法模式到公众参与模式》，载《编辑学刊》2015年第5期。

(一)坚持将法治教育作为思想政治教育的组成部分

中国的社会主义法治教育与思想政治教育无法分割。一方面,加强社会主义法治教育正是思想政治教育与时俱进的一个重要表征——在党和国家的工作重心转移到社会主义现代化建设上来后,加强法治教育,在全社会牢固树立社会主义民主法治、自由平等、公平正义理念,必然构成新时期思想政治教育的重要内容。另一方面,依据宪法规定,由于我国"以社会主义制度为根本制度,在中国共产党领导下依法治国,坚持中国特色社会主义理论体系,反对资本主义的、封建主义的和其他的腐朽思想,党组织、国家和社会团体等开展的一切活动必须遵守宪法和法律",因此,开展社会主义法治教育既有利于全体人民理解和认同思想政治教育,也有利于思想政治工作在促进建设社会主义法治国家的进程中科学化发展。

正是基于上述考虑,我们认为,中国的法治教育并不能走"法治教育——公民教育"的西方路径,中国的法治教育仍然是构成思想政治教育的有机组成部分,而这种构成对于法治教育本身而言,至少意味着三方面优势。

1. 有利于超越功利主义,形成法治认同

公民教育真的能带来守法精神吗?党的十八届四中全会明确指出,"法律的权威源自人民的内心拥护和真诚信仰",这就提示我们,真正的守法精神是将法律作为权威性存在,同时公民对法律的至上性产生信仰。然而,就当下中国现实而论,一般意义上的公民教育并不可能产生牢固的守法精神,其内在原因正如很多学者所发现的那样,公民教育本质是持一种法律实证主义观,其将法律的解释建立在"国家—个人"的二维框架下——在这种框架下,法律不过是基于人类避险理性的工具性存在,公民教育对法律的"工具性质的解释没有提供个人借以认同社会的意义。赤裸裸的利己打算能够有利于证明认同的意义么?"①

将法治教育放置思想政治教育的范畴内则可以有效解决上述问题。思想政治教育是什么?在思想政治教育学科经典著作《现代思想政治教育学》中,张耀灿、郑永廷等人作了如下界定:"思想政治教育是指一定的阶级、政党、社会群体遵循人们思想品德形成发展规律,用一定的思想观念、政治观点、道德规范,对其成员施加有目的、有计划、有组织的影响,使他们形成符合一定社会、一定阶级所需要的思想品德的社会实践活动。"②这就意味着,思想政治教育本质上并不是建立在工具理性之上的推理,因而作为思想政治教育组成部分的社会主义法治也就不是一种简单的功利主义考量——社会主义法治在很大程

---

① [英]韦恩·莫里森:《法理学》,武汉大学出版社2003年版,第113页。正因为如此,很多学者所发现的西方社会的法律至上观并不仅依赖于公民教育,更是一种宗教后果。同时认为,法律实证主义"在把法律看作是国家的附庸这种制度性和工具性角色时,总要冒成为一个没有灵魂的方法论的风险。因为如果法律失去与先验象征的前现代的联系,而只是一个变动不居的人类工具的话,如何存在法律的本质呢"。参见[英]韦恩·莫里森:《法理学》,武汉大学出版社2003年版,第7页。
② 张耀灿等:《现代思想政治教育学》,人民出版社2006年版,第50—51页。

度上是以群体的"思想品德"为基础而形成的诉求,因此具有超越个人功利之上的表征性与权威性。

2. 有利于认清法治的意识形态属性

毋庸置疑,中国特色社会主义法治在法治理念、法治原则、法治发展道路等诸多方面与西方法治存在着显著区别,而导致这些区别的一个重要原因在于意识形态差异。然而,就中国法治发展现状而言,忽视甚至抹杀法治意识形态差异的声音和趋势一直存在,对此,中国法治教育必须有所反应。

我们认为,将法治教育看作思想政治教育的组成部分有利于认清法治的意识形态属性。

众所周知,"无论作为一个学科,还是作为一种实际工作,通常所谓'思想政治教育',就是指马克思主义的或者说社会主义的思想政治教育"①。因此,相比较其他教育形态,当下中国的思想政治教育说到底就是旗帜最为鲜明的马克思主义教育和社会主义教育,"意识形态性是思想政治教育的本质属性","意识形态是思想政治教育存在的合法性依据"②。正是因为这样的原因,作为思想政治教育有机组成部分的法治教育必然能够得到有力的意识形态审视,从而最终在教育层面,使法治的社会主义属性获得维护。

---

① 武东生:《"思想政治教育"与"公民教育"关系辨析》,载《思想理论教育导刊》2013 年第 4 期。
② 罗仲尤、刘克利:《思想政治教育意识形态属性探析》,载《思想理论教育导刊》2013 年第 10 期。

3. 有利于巩固法治教育本身的地位

最后,从我国教育的现实架构来看,将法治教育作为思想政治教育的组成部分有利于法治教育得到应有的重视。必须看到,基于历史和现实的原因,相比其他教育,思想政治教育在我国的教育体系中具有特殊地位。正如有学者所概括的那样,"自1921年中国共产党建党至中华人民共和国建国前夕,中国共产党的思想政治教育从无到有、由弱到强,经历了一个形成到成熟的过程"[①]。同时,作为一项已经被历史检验的、成功的工作方法,思想政治教育也一直受到高度重视。2004年,中共中央和国务院联合发布的《关于进一步加强和改进大学生思想政治教育的意见》明确指出思想政治教育的意义——加强和改进大学生思想政治教育,提高他们的思想政治素质,把他们培养成中国特色社会主义事业的建设者和接班人,事关党和国家的长治久安,事关中华民族的前途命运,需要从全局和战略的高度进行把握。

正是基于上述逻辑论证,我们认为,将社会主义法治教育放置在思想政治的框架下是重视法治教育的一种表现,也是社会主义法治建设作为社会主义建设重要组成部分的必然逻辑。

(二)充分运用大众法律文化资源

虽然我们反对将法治教育等同于一般的公民教育,

---

① 余一凡:《中国共产党思想政治教育概念的发展》,载《思想政治工作》2009年第2期。

然而，这并不阻碍我们借鉴西方公民教育的一些行之有效的方式方法，而这种借鉴已经构成当下思想政治教育领域重要研究范畴——必须承认，当今社会，伴随着全球化和网络媒体的兴起，传统的"知识灌输"发挥的作用已越来越有限，关于此点，正如有学者所指出的那样，"法律知识和法律认同之间没有直接的相互关系。即使知识状况很差或者对法律印象十分模糊或者甚至是错误的，人们也可能对法律抱有良好的感觉或者讨厌法律"。"良好的法律知识绝对不会保证很高程度的法律认同，它反而可能促使人们批评并且拒绝法律"①。

实际上，关于西方的公民教育，现有的研究早已表明其并不是什么"价值无涉"，恰恰相反，"现代公民教育成为西方国家通行的一种政治社会化途径，在现代资本主义国家的政治和社会生活中发挥着不可或缺的重要作用"②。"近现代西方公民教育的重要社会功能，就在于通过积极参与资产阶级价值观念的生产与传播，培养能够适应并顺利参与到资本主义国家和社会生活中去的合格公民"③。那么，西方的公民教育是如何实现其价值传播的呢？正如有学者所概括的那样，"近代以来西方社会的公民教育，历经数百年的变化和发展，积累了相当丰富的

---

① [德]托马斯·莱塞尔：《法社会学导论》，高旭军等译，上海人民出版社2011年版，第308—309页。
② 武东生：《"思想政治教育"与"公民教育"关系辨析》，载《思想理论教育导刊》2013年第4期。
③ 武东生：《"思想政治教育"与"公民教育"关系辨析》，载《思想理论教育导刊》2013年第4期。

经验并形成了十分深入而系统的理论",这其中,一个重要的方法就是"重视隐性教育的作用,让人们在生活实践中、在'环境'的影响下潜移默化;在大众文化和消费文化日益流行的时代,通过引导和满足大众的消费需求,来最终控制思想文化领导权"①。

就本文的主题而言,上述的研究结论实际上提醒我们,在思想政治和法治教育的过程中,我们也需要充分运用大众文化与大众法律文化资源。我们必须清醒地看到,"大众文化已经成为当代人思想观念、价值准则、审美倾向、行为方式、思维模式构造的重要文化参数"②。因此,借助大众文化这个通道,主导意识形态将得到更为有效的传播。

具体到法治教育来说,我们认为,在法治教育的过程中,如果我们能够充分运用各种大众法律文化资源,充分回应大众对法律的好奇心,让大众看到法律世界的多姿多彩,感受到法治教育对民众生活经验(包括风俗、习惯)的充分回应,承认被教育者的主体性和能动性,并帮助其发挥这种主体性和能动性,那么受教育者必然愿意亲近法治教育,法治教育的有效性也将更容易达成,一句话,"若法律获得大众观念的强力支持,那它就能有效地约束

---

① 武东生:《"思想政治教育"与"公民教育"关系辨析》,载《思想理论教育导刊》2013年第4期。
② 李书吾:《大众文化发展与思想政治教育内容创新》,载《思想政治教育研究》2012年第11期(上)。

人们的行为"①。

以死刑观为例,有学者明确指出"在当前形势下,我国应对公众进行人权教育和死刑启蒙,而且启蒙的方式方法应尽可能以形象直观的手段呈现,最能活灵活现反映人物的戏剧表演,总是对群体有巨大的影响,一部反映死囚成长背景和心路历程的影视作品或文学作品对普通大众的影响力远远超过一本死刑理论专著,因此,应当通过广播、电视、网络、现场等各种途径,以宣讲会、展览、文学作品、文艺表演、影视剧等多种形式向公众进行死刑启蒙:一面宣传尊重生命、生命至上、犯人也是人等人权文化和公民社会的公民责任、权利等内容,引领民众核心价值观朝着更为人道、理性的方向发展;一面普及与死刑相关的知识,如死刑的历史与现状、死刑错判的客观存在、死刑替代措施等等,让公众逐步从死刑崇拜或刑罚迷信中走出来,形成科学的死刑观"。②

(三)充分辨析大众法律文化资源

如上所言,大众法律文化具有超文本性质,而这种超文本性又直接带来了其对社会影响的复杂性。因此,在法治教育的过程中,我们必须对大众法律文化资源进行充分辨析。

---

① [美]亚历克斯·蒂奥:《大众社会学》,从霞译,人民邮电出版社2012年版,第53页。
② 刘春花:《向死而生:公众舆论影响下的死刑正义实现》,载《理论导刊》2015年第12期。

1. 对大众法律文化中的"法律知识"进行辨析

大众法律文化产品可能使人们获得错误的"法律知识",这种错误主要基于两方面原因:

其一,大众法律文化特定的"法律实践背景"可能造成大众的误解。一般来说,大众法律文化作品是基于不同空间、不同时间的"法律实践背景"而创造出来的,然而,对于普通大众来说,有意识地区分这些不同的"法律实践背景"是困难的,更为常见的情况是,大众直接将这些特定的"法律实践背景"投射到自己现实的法律生活中,从而产生混淆。以律师职业为例,众所周知,英美法系与大陆法系律师职业差别巨大,在装束、表现、角色等方面都有着明显的不同,然而,由于受大众法律文化作品特别是美国大众法律文化作品的影响,国内观众对中国律师职业的理解实际存在较大偏差。

其二,大众法律文化常常刻意生产错误的法律知识。如上所言,娱乐性和商业性是一切大众文化的重要特征,因此,大众文化作品常常从法律及其实践中挖掘娱乐因素以实现其商业利益,大众法律文化也由此而产生。然而,法律及其法律实践并不总能满足大众法律文化作品的娱乐和商业要求——虽然如我们在第一章所讨论的那样,法律及其实践的确能产生大量娱乐资源,然而在另一方面,法律及其实践也是严肃甚至枯燥的。面对这样一个矛盾,扭曲现实世界的法律实践就成了大众法律文化生产的经常性选择,而在这样一个过程中,错误的法律知识亦随之产生。

我们认为,上述错误的法律知识必须在法治教育的过程中得到纠正,否则其对公民守法精神的树立,乃至社会主义法治建设本身都将产生巨大的负面影响。

2. 对大众法律文化中的"法律意识"进行辨析

对大众法律文化需要进行辨析的第二个理由在于树立正确"法律意识"的需要。必须看到,虽然当下中国的大众法律文化在总体上是"社会主义的",然而却包含着多样的法律意识——这些法律意识既有现代的,亦有传统的,既有西方的,亦有东方的,既有资本主义的,亦有社会主义的。同时,为了争夺商业利益,这些不同法律意识并不总是和谐相处——各种不同的法律意识常常在大众法律文化框架内发生冲突甚至展开激烈的冲撞。

仍以"清官剧"为例,"清官剧"实际体现的是一种包含浓厚官本位思想的法律意识,正如有学者所发现的那样,"传统中国社会有强烈的'清官'情节,民间有相当数量的清官戏,表现了一种司法上的'人治'模式"①。"清官背后体现的是道德的力量,清官情结和文化现象所反映的也是对官员道德的倾慕与信赖。对此的诸多反思表明,这种情结和文化传统有害于或至少不会有利于现代法治社会的建设,理由同样也是非常充分的。"②

---

① 苏力:《传统司法中"人治"模式——从元杂剧中透视》,载《政法论坛》2005年第1期。
② 余净植:《清官与法官》,载《读书》2011年第7期。有学者进一步指出,相对于主导法律文化和法律意识而言,"官本位思想及制度的残余对中国当代法治建设的最大影响就是造成权大于法的普遍社会心理,使得广大民众对法律权威产生动摇和怀疑,甚至对法治本身失去了信仰,同时'官本位'造成一种对权力、官职的崇拜和敬畏心理,进而导致长官意志、权力至上观念的盛行"。参见王晓广:《法治文化大众化制约因素分析——以中国传统法律文化为视角》,载《理论前沿》2009年第14期。

我们认为,在法治教育的过程中,帮助受教育者在"法律意识"层面进行仔细辨析是一项必须要做的工作,只有这项工作做好了,公民对社会主义法律的认同才具有扎实的心理基础。

第七章 中国未来的大众法律文化建设

我们需要什么样的大众法律文化？这是我们在进行社会主义法治建设过程中必须认真回答的问题。正如本书前文所论及的那样，虽然面对大众法律文化兴起，无论立法、司法还是法治教育等各个环节都需要顺应变化进行相应的调整，然而在另一方面，大众法律文化自身建设问题同样不可回避——正确、有效的中国大众法律文化建设不仅将促进社会主义法治发展，同时也是"文化自信"的必然要求，大众法律文化建设因而构成了社会主义法治建设的重要组成部分。

一、中国的法治发展及对大众法律文化建设的要求

本书认为，中国的大众法律文化建设首先来自于中国的法治发展本身所提出的要求——中国法治发展的特

定性不仅决定了中国大众法律文化建设的基本意义,同时也在很大程度上决定了其目标与方向。

(一)中国法治发展的特定性

一般认为,相较于西方发达国家的法治发展进程,当下中国的社会主义法治发展至少面临以下两方面特殊挑战。

1. 内生性法治资源的匮乏与法治发展的紧迫性

一般认为,西方法治发展是一个相对从容的过程,"在西方国家中,法治传统或相当一部分法律制度是在社会生活中自然发生、演化形成的"①,而中国法治发展则更多是一个"冲击—反应"下的被动赶超的过程:一方面,法治发生的内生性资源似乎很难从传统中国社会进行发掘,是"外国用坚船利炮所裹挟的西方法律文化的传入以及晚清皇朝内部的危机,让统治集团明白了'祖宗之法不可恃',不得不考虑统治方略的变化,也促使其'法制'越来越走向'现代化'"②;另一方面,基于经济、政治乃至全球化形成的种种压力,中国的法治发展又处在巨大的时间压力之中,并一直持续至今③。

正是基于上述原因,部分学者提出,中国的法治更多地需要依赖公权力,走所谓"政府推进型的法治发展道

---

① 蒋立山:《中国法治道路初探(上)》,载《中外法学》1998 年第 3 期。
② 王人博:《中国法制现代化的历史》,知识产权出版社 2010 年版,第 7 页。
③ 以立法为例,"从 1979 年起,每年都有一大批法律、法规产生,1982 年开始,每年又有大量行政规章产生"。参见王人博:《中国法制现代化的历史》,知识产权出版社 2010 年版,第 180—181 页。

路",其内在逻辑为"假设我们指望中国依靠社会自发的内部力量慢慢地'生长'出一个法治社会,那我们就真的重走西方社会演进型法制的老路了,真的有可能重走几代人贫困、流血、动荡的历程。到那时,也许又要经历一个百年沧桑的周期,把几代人的幸福与权利作为法治成功的祭奠"①。

然而,"政府推进型的法治发展道路"的缺陷也是显而易见的:从历史来看,"法制现代化自清末以来,就带有在内外压力下贪多求快而又步履维艰的色彩"②;就未来而言,相比较"演进型法治发展道路","政府推进型的法治发展道路"更有可能陷入一种"政府不合理的价值偏好对法治进程的方向和影响问题"③。"在未来中国的发展进程中,政府的法治价值目标如果缺乏民意基础,或是如果过于迎合民意中极容易存在的短期收益最大化(或短期成本最小化)不良倾向,或是受一些不合乎实际的思想潮流的影响,都会使法治进程偏离正常、健康的轨迹"④。

2. 当下法治发展环境的复杂性

相比较西方法治发展历程,当下中国法治发展还具有更为复杂的环境特点:

首先,当下中国的法治发展面临着现代性和后现代性的双重纠缠,其必须回应比西方同时期法治发展更多

---

① 蒋立山:《中国法治道路初探(下)》,载《中外法学》1998年第4期。
② 王人博:《中国法制现代化的历史》,知识产权出版社2010年版,第190页。
③ 蒋立山:《中国法治道路初探(下)》,载《中外法学》1998年第4期。
④ 蒋立山:《中国法治道路初探(下)》,载《中外法学》1998年第4期。

的"质疑"。

必须看到,西方法治确立于18、19世纪,彼时的西方社会已经经历了文艺复兴和启蒙运动的洗礼,现代性的确信构成已经成为一个基本的思想背景,通过"法治"保障人权乃至构建现代化国家因此可以达成广泛共识。然而,当历史的时针拨转到当下,随着全球化时代的消费主义、解构主义等后现代思想粉墨登场,对"法治"的质疑声不断高涨——这种质疑并不是简单地对资本主义法治的批评,而是基于对所有"宏大叙事"的消解,直接指向法治本身。譬如,后现代主义代表人物福柯就将现代法治解构为一种"权力经济学",其通过"温和—生产—利润"的原则代替了以"征服—暴力"为原则的旧的权力经济学,而在这一进程中"君权的奢华壮丽、权力的必要炫耀的表现都在日常的监视运作中,在一种全景敞视方式中被逐一消灭了"①。

其次,西方已经形成的法治模式对中国的法治发展构成一种"先在性"压力。在全球化背景下,在法治整体遭遇质疑的同时,西方的法治模式却又似乎形成了一种触手可及的"示范",无论在国内还是在国外,总有声音试图将西方若干发达资本主义国家在法治建设上的所谓"成功经验"照搬到中国,而这种声音同样对当下中国的法治发展构成现实压力。"在法律实践中,有的简单套用西方的一些'法律术语',造成执法思想和执法活动中的

---

① [法]米歇尔·福柯:《规训与惩罚》,刘北成、杨远婴译,生活·读书·新知三联书店2003年版,第245页。

混乱;有的不从我国国情出发,片面崇尚西方的法律制度,甚至盲目崇拜'三权分立''多党制''两院制'等;有的打着政治体制改革和司法体制改革的旗号,鼓吹'三权分立',否定人民代表大会制度,否定党对法治工作的领导,主张政法机关非党化、非政治化等等"①。

(二)社会主义法治发展对大众法律文化建设的要求

我们认为,从宏观而言,当下中国大众法律文化建设的首要目标在于面对和化解以上所归纳的当下中国法治发展进程中的实际困难与问题。

1. 通过大众法律文化建设,彰显"法治"核心价值,推动法治发展

众所周知,价值观是一个国家社会、经济、文化发展所不可缺少的,是"在人们头脑中一旦形成就会在全社会范围内影响人们的全部价值意识,包括理性与非理性的价值意识"②。就当下中国法治建设而言,让"法治"成为国民价值观的基本组成部分不可或缺,惟有如此才能"让人们更加深刻地认识到法治思维、制度理性的价值优越性,逐步超越了法治工具主义的樊篱,从被动选择法治走向主动追求法治"③。

然而,就现实而言,正如我们在以上部分所讨论的那

---

① 张文显:《论中国特色社会主义法治道路》,载《中国法学》2009年第6期。
② 吴倬:《关于社会主义核心价值观问题的理论思考》,载《教学与研究》2008年第6期。
③ 王叶臣:《在法治轨道上推进改革》,载《光明日报》2014-9-7。

样,基于近代中国法治的被动展开的现实背景,以及"二战"后对法治质疑声音的出现,"法治"在当下中国尚未获得广泛而持久的认同——虽然二十四字的社会主义核心价值观明确将"法治"放置其中,然而,如何让"法治"真正在民众心里生根发芽,成为名符其实的"核心价值"却不是一蹴而就的事情,当下大众法律文化建设必须对此有所贡献。正是基于这样的考虑,本书认为,在中国法治发展过程中,基于大众法律文化在兴起及其对于普通大众法律观所产生的重要影响,通过系统的大众法律文化建设,进一步彰显法治核心价值,使法治观念深入人心从而推动法治发展是一项可欲的选择。而在这样一个过程中,如何有效化解商业利益与法治主导价值之间的内在张力又是一个核心问题,其内在逻辑正如弗里德曼所概括的那样,"在大多数社会中,法的大众文化是不统一的,而其中最重要的问题是如何在这种相互理解和承认的多元情形下确保正统性,即树立尊重和认可法的体系、过程的态度"①。

2. 通过大众法律文化建设,保障"法治"的社会主义属性

如上所言,当下中国法治建设的另一个特殊挑战在于西方法治的"先在性"压力。我们认为,面对这样一种"先在性"压力,当下中国法治建设需要具有清醒的意识:一方面,我们需要看到,承接着中国的政治体制、经济体制,乃至极为不同的中国国情,中国的法治建设必然区别

---

① 季卫东:《法的根源与效果》(代译序),载[美]弗里德曼:《法律制度》,李琼英、林欣译,中国政法大学出版社 2004 年版。

于西方法治,必须走一条"中国特色的法治道路";另一方面,从"政治"和"法治"的紧密关系而言,如果屈从于这样一种"先在性"压力,则西方势力将极有可能"借助中国走向世界的机会来发动对中国的'颜色革命',实现从政治文化上依附于西方而达到中国的所谓西方化"①。

本书认为,就大众法律文化而言,上述认识实际提醒我们必须把保障"法治"的社会主义属性②作为未来中国大众法律文化建设的另一个重要目标,其直接意义有:

其一,进一步落实大众文化的意识形态功能。必须看到,在现代社会,文化发挥着意识形态功能,对此,早在20世纪三四十年代,西方马克思主义早期代表人物葛兰西就曾极富洞见地提出,在西方资本主义社会中,资产阶级的统治主要不是靠政治社会,即军队和暴力来维持的,而在相当程度上是靠他们广为宣传,从而被人民大众普遍接受的世界观来维持的③。这就是葛兰西所谓的"文化霸权理论"。

实际上,随着大众文化的崛起,我们发现葛兰西所谓的"文化霸权理论"正得到强有力的验证——大众文化在

---

① 叶传星:《转型社会中的法律治理——当代中国法治进程的理论检讨》,法律出版社2012年版,第5页。

② 正如习近平总书记所指出的那样,中国法治建设必须坚持走"中国特色社会主义法治道路",走这条道路"是社会主义法治建设成就和经验的集中体现,是建设社会主义法治国家的唯一正确道路"。参见习近平:《关于〈中共中央关于全面推进依法治国若干重大问题的决定〉的说明》,载《中共中央关于全面推进依法治国若干重大问题的决定》(2014年10月23日),人民出版社2014年版,第50页。

③ 俞吾金:《意识形态论》,人民出版社2009年版,第239页。

意识形态领域发挥着越来越大的作用,"大众文化的出现和发展,不仅有正面影响,同时也有很大的负面效应,尤其是在意识形态领域,对人们的价值观念和行为方式带来了前所未有的严峻挑战。争取大众文化的话语权,已经成为当今世界意识形态领域竞争的重要手段和工具"①。

正是基于上述原因,我们认为,在当下中国法治建设过程中必须高度关注意识形态问题,"一个社会的思想文化越是多元、多变,就越需要加强主流意识形态建设,弘扬主旋律、坚持马克思主义对文化建设的指导,发挥其主旋律、主心骨作用,从根本上讲,也就是要不断巩固它在意识形态领域的一元主导地位"②;必须通过大众法律文化建设使法治的社会主义属性得到维护——从某种意义而言,这种"维护"就是确保马克思主义意识形态在法治建设领域的主导地位,就是体现和落实大众文化的意识形态功能。

其二,进一步回应大众法律文化建设现状。正如我们在第一章所讨论的那样,20世纪80年代以来,基于商业和娱乐的要求,大量表现西方大众法律文化的商业电影、电视剧开始进入中国市场,在这些电影、电视剧中,西方法治文化中的特定符号,如三权分立、多党执政乃至法庭审理场景具有极高的出现频率,很容易给国内观众形成西方法治具有普适性的假相。

---

① 杜君、嵇景岩:《大众文化的意识形态功能》,载《学术交流》2015年第5期。
② 李国泉:《习近平文化建设思想论纲》,载《理论导刊》2016年第1期。

正因如此,我们需要通过有意识的大众法律文化建设全面展示当下中国法治的特定性和必然性,消解民众的"误读",让普通中国民众意识到,中国的法治与西方的法治既有相同点亦具有很大的不同。同时,"在走什么样的法治道路问题上,必须向全社会释放正确而明确的信号,指明全面推进依法治国的正确方向,统一全党全国各族人民认识和行动"①,帮助全体民众树立只有中国特色社会主义法治才是适应中国国情、具有中国特色的法治模式的基本认知,从而为保障法治的社会主义属性奠定坚实的心理基础,提供充分的舆论空间。

二、文化自信及其视域下的大众法律文化建设

毋庸置疑,文化自信目前正成为国内文化研究领域探讨的热点话题。一般认为,所谓文化自信是指"人们对某种文化能够持续传承创新以适应社会发展,并且能够在与其他文化的交流交融交锋中始终保持自身的比较优势所持有的坚信不移的态度"②。在当代中国的语境中,文化自信主要包括两层含义:"一是对马克思主义文化的自信,二是对中国优秀传统文化的自信。"③

---

① 习近平:《关于〈中共中央关于全面推进依法治国若干重大问题的决定〉的说明》,载《中共中央关于全面推进依法治国若干重大问题的决定》(2014年10月23日),人民出版社2014年版,第50页。
② 隗金成、房广顺:《当代中国文化自信的深刻内涵与动力源泉》,载《人民论坛》2016第8期(中)。
③ 隗金成、房广顺:《当代中国文化自信的深刻内涵与动力源泉》,载《人民论坛》2016第8期(中)。

本书认为,从文化自信的角度探讨大众法律文化建设是重要的——必须看到,与从法治建设的工具性目标谈大众法律文化建设相区别,在文化自信的图景中,文化发展本身就是一个目的,其具有自足性和自洽性,而大众法律文化建设也就因此具有了更为丰富的内涵和意义。

(一)文化自信、文化自觉及民族文化主体性

从文化自信出发讨论大众法律文化首先需要弄清文化自信在当下中国的现实意义。我们认为,就概念关系而言,通过文化自觉和民族文化主体性这两个相关概念,我们可以对这一问题较为准确地把握。我们有理由认为,当下中国"文化自信"的提出首先是文化自觉的结果,文化自信通过文化自觉获得其现实品格,同时,文化自信又构成了民族文化主体性的心理前提,通过民族文化主体性,文化自信达成了其现实意义。

1. 文化自信是文化自觉的结果

"文化自觉"是费孝通先生在20世纪90年代提出的概念,其基本所指为,生活在一定文化历史圈子的人对其文化有自知之明,并对其发展历程和未来有充分的认识。换言之,文化自信是文化的自我觉醒和自我反省。

就当下中国而言,之所以能够提出文化自信,是因为当今的中国已经能够对自身的文化进行较为准确的评价——这种评价既摆脱了唯我独尊的"天朝"狂妄,亦摆脱了近代以来因为落后挨打而生成的文化自卑。一方面,其明确将"马克思主义文化作为中国当代的主流文

化",赋予其"体现了当代中国文化的本质属性,决定着我国当前文化的根本性质和未来文化的前进方向,是最具本质性特征的文化元素"①的地位;一方面,其坚定将"中国优秀传统文化作为中华文化的历史根脉,代表着当代中国的文化源头和民族特色,体现了中华文化的生命延续和基因传承,是滋养当代中国文化的丰厚沃土"②,同时认为"马克思主义文化与中华优秀传统文化虽然源头不同,却由于二者具有高度契合性而实现了成功合流,实现了从对立走向统一的历史飞跃,已然发展成为你中有我、我中有你的全新文化形态即中国特色社会主义文化。"③

2. 文化自信是民族文化主体性的心理基础

民族文化的主体性"是在历史发展的进程中逐渐确立的、由本民族的所有成员一致认可并且自发维护的一种民族文化意识"④。就当下中国而言,民族文化主体性是一个不可或缺的要素,是现代化建设成功的重要保证。正如有学者所概括的那样,"任何民族文化的现代化,都不是从天上掉下来的,而是立足于原有民族文化的深厚基础之上,根据新的需要,并从现实生活中吸取激情,不断地选择、融化、重组、整合世界各民族文化的优秀特质

---

① 隗金成、房广顺:《当代中国文化自信的深刻内涵与动力源泉》,载《人民论坛》2016第8期(中)。
② 隗金成、房广顺:《当代中国文化自信的深刻内涵与动力源泉》,载《人民论坛》2016第8期(中)。
③ 隗金成、房广顺:《当代中国文化自信的深刻内涵与动力源泉》,载《人民论坛》2016第8期(中)。
④ 江宁康:《略论建构中华民族的文化主体性》,载《兰州学刊》2004年第3期。

突变出新的结构、新的体系的"①,"如果在现代化过程中让外来文化完全打破中国社会文化的价值体系,使之失去自我组织能力,那不仅会使国家民族的文化遭到巨大的破坏,而且其现代化也必然是失败的"②。此外,民族文化主体性还是文化安全③的重要保证,就当下中国而言,作为一个发展中的社会主义国家,当下中国所处的国家关系是复杂而严峻的,中国只有在复杂的国际关系中维护民族文化主体性,探索有中国特色的社会主义文化建设道路,才有可能获得真正意义上的文化安全。

我们认为,文化自信构成了民族文化主体性的基本心理前提。具体就当下中国而言,一方面,文化自信意味着对自己传统文化的认同感、荣誉感,而这种认同感、荣誉感正是当下中国续接传统、保持文化独立的基本支撑;另一方面,文化自信也意味着开放包容的心态,而这种开放包容的心态说到底,将有利于当下中国文化吐故纳新,保持文化的活力,并最终获得一种基于文化多样性基础之上的文化主体地位。

---

① 司马云杰:《文化价值论》,安徽教育出版社2011年版,第240页。
② 司马云杰:《文化价值论》,安徽教育出版社2011年版,第241页。
③ 所谓文化安全是指"对文化主体(包括人类、民族、国家、个人等)生存权利、生存方式(包括生产方式、生活方式、思维方式等)及其文化成果的认同、尊重和保护,从而使文化主体在生存和发展的过程中没有威胁、危机和危险"。文化安全是"文化主体对自己的主流文化价值体系的持有,它是社会安全的基础"。参见李金齐:《文化安全释疑》,载《思想战线》2007年第3期。龚群:《社会主义核心价值体系重大关系研究》,北京师范大学出版社2012年版,第391页。

(二)文化自信与大众法律文化建设

在法律文化领域,文化自信从来就是一个绕不开的话题——近代中国的法律变迁过程本身就存在着"面临着学习西方先进法律文化、抗拒外来文化侵略和保持自己文化的文化自觉和主体性之间的艰难考量"①。正因为如此,我们认为,在大众法律文化建设过程中,文化自信的诉求必须得到体现,具体则包含以下三个方面:

1. 繁荣本土大众法律文化

一般来说,文化自信的最直接体现就是本土文化的繁荣,本土文化的繁荣"既是推动社会发展的重要手段,又是社会文明进步的重要目标。一个文明进步的社会必然是物质财富和精神文化共同进步的社会,一个现代化的强国必定是经济、政治、文化、社会协同发展的国家"②。就大众法律文化而言,中国本土大众法律文化繁荣应该成为当下中国大众法律文化建设的基本目标——本土大众法律文化产品不仅应占领国内市场,满足人民日益增长的文化需求,同时还要进一步将目标定位于海外市场的争夺,展示文化软实力及中国社会主义法治建设的积极成果。

2. 积极转换传统法律文化资源

如上所言,文化自信的意义是基于民族文化的主体

---

① 叶传星:《转型社会中的法律治理——当代中国法治进程的理论检讨》,法律出版社 2012 年版,第 5 页。
② 云杉:《文化自觉 文化自信 文化自强——对繁荣发展中国特色社会主义文化的思考(上)》,载《红旗文稿》2010 年第 15 期。

性而达成的,因此,在本土大众法律文化建设中,应特别注意转化传统法律文化资源,形成中国特色的本土大众法律文化。

具体而言,虽然中国的法治发展是在缺少直接的内生型法治资源的背景下而展开的,然而这并不意味着当下中国的法治建设包括大众法律文化建设可以脱离中国的法律传统。必须看到,虽然旧的法律制度可以瞬间被抛弃,然而基于人们的习惯、心理、思维方式上的延续性,那些存在于社会生活中的法律传统却仍然随着社会的变迁而改头换面地存在着。就此而论,法律传统并不只是过去,其同样意味着当下——抛弃传统的法律文化资源的大众法律文化建设就是脱离现实的大众法律文化建设,这样的大众法律文化建设是不可理解也是无法想象的。

此外,即使从建设成本的角度而言,积极转化传统法律文化资源也具有特殊意义。关于这一点,正如有学者所概括的那样,"某个国家、某个地区、某个民族长期遵从的行为规则,其效能远比外部输入的文化符号更强有力","遵从本土性的目标和判断,本身就有广阔的空间和领域,其运行的成本费用也相对外来资源要小得多"[①]。

3. 高度关注大众法律文化安全

毋庸置疑,大众法律文化安全对于中国法治建设具有特殊意义。可以看到,在中国大众法律文化的发展过

---

① 汤唯:《当代中国法律文化本土资源的法理透视》,人民出版社2010年版,第204页。

程中,西方大众法律文化的涌入的确起到了刺激、诱导甚至示范的作用,然而,西方大众法律文化最终不是立足于中国历史文化传统和中国法治实践成长起来的大众法律文化,西方大众法律文化从整体上并不契合于中国的政治、经济、社会及法律发展,如果不对其有所限制,其内含的自由主义、个人主义等要素将对社会主义法治建设产生巨大的消极影响。正因为如此,当下中国的大众法律文化建设必须立足于文化自信,高度关注自身的安全问题。中国大众法律文化的建设者必须意识到,契合于中国法治发展、健康积极向上的大众法律文化可以有效抵御和缓释大国强权政治所释放的种种干涉中国主权的压力,并最终维护中国特色社会主义法治发展。

三、当下中国大众法律文化建设现状评析

自20世纪80年代以来,伴随着改革开放,大众法律文化建设在当下中国已然全面展开,虽然在政策层面我们并未寻找到关于大众法律文化建设的专门规划与思路,然而,这并不妨碍我们从大众文化建设整体情况出发分析、评价当下中国大众法律文化建设现状。

(一)当下中国大众文化建设的突出成就

1.大众文化产业化水平的迅速提升

一般认为,在现代社会,大众文化的产业化水平的提升既是大众文化繁荣的重要标志也是大众文化安全的前提性条件。正如有学者所概括的那样,"只有从根本上肯

定大众文化,重视大众文化,创作出更优秀的大众文化作品,大力发展我国的文化产业,进一步规范和繁荣文化市场,才是最有效的应对和保护策略"。①

就现实而言,自 2000 年"文化产业"一词首度被纳入中央正式文件以来②,中国文化产业经历了从"零星之火"到"燎原之势"的显著变化,目前正逐渐成为国家支柱性产业。经国家统计局核算分析,2014 年全国文化及相关产业增加值 23940 亿元,占 GDP 的比重为 3.76%,文化及相关产业在稳增长、调结构中发挥了积极作用,文化产业发展呈现出良好发展态势,而在这其中,大众文化的产业化水平的提升无疑贡献最大③。

2. 大众文化的社会主义属性得到基本保证

意识形态一直是我国文化建设的重要关注点,正如习近平总书记所指出的那样,"宣传思想工作就是要巩固马克思主义在意识形态领域的指导地位,巩固全党全国

---

① 李明:《当代大众文化建设问题聚焦》,载《内蒙古社会科学》2013 年第 3 期。

② 实际上,早在 1998 年,文化部即富有前瞻性地组建了"文化产业司",专门负责有关文化产业政策的制定、协调和管理工作。2000 年 10 月,中国共产党第十五届五中全会通过的《中共中央关于制定国民经济和社会发展第十个五年计划的建议》,第一次提出了"文化产业"这一概念,标志着我国对于文化产业的承认和对其地位的认可。

③ 一般认为,文化产业是一种文化经济,它有两个必备要素:其一是专门向消费者提供以文化内容为消费对象的特殊产业门类;其二,本质上是一种消费性或商品性文化,利润和经济效益始终是其首要目标。综观各种文化形态,大众文化无疑最具有"产业化"条件,正因为如此,"文化产业与大众文化在法兰克福学派那里是双生共存的",参见傅守祥:《大众文化与文化产业》,载《求实》2004 年第 2 期。

人民团结奋斗的共同思想基础"①。而 2013 年,由中共中央办公厅印发的《关于培育和践行社会主义核心价值观的意见》同样明确提出,一切文化产品、文化服务和文化活动,都要弘扬社会主义核心价值观,传递积极人生追求、高尚思想境界和健康生活情趣。要提升文化产品的思想品格和艺术品位,用思想性、艺术性、观赏性相统一的优秀作品,弘扬真善美,贬斥假恶丑。加强对新型文化业态、文化样式的引导,让不同类型文化产品都成为弘扬社会主流价值的生动载体。

正是在这样的认识背景下,我们认为,当下中国大众文化的社会主义属性有了基本保证,或者说,"尽管在中国大众文化的主体内容中也存在着一些不合理的东西,但是就中国大众文化的主体内容、基本精神、发展方向等来说,其社会主义性质还是非常鲜明的"②。

(二)当下中国大众法律文化建设的不足之处

作为大众文化的组成部分,上述中国大众文化建设所取得的成就同样适用于中国大众法律文化。然而,如果我们从大众法律文化建设的具体目标出发,进一步分析,将会发现,当下中国大众法律文化建设中所存在的缺陷也是明显的(这些缺陷同样也是中国当下大众文化建设整体不足的折射),主要表现在两方面:

---

① 《学习习近平总书记8·19重要讲话》,人民出版社2013年版,第2页。
② 金民卿:《文化全球化与中国大众文化》,人民出版社2004年版,第212页。

1. "法治"核心价值彰显不足

如我们在本章以上部分所讨论的那样,就当下中国来说,大众法律文化的价值引领主要包含彰显"法治"核心价值和维护法治的社会主义属性两方面要求,其中彰显法治的核心价值既具有独立性亦具有基础意义,然而,恰恰是在这方面,当下中国的大众法律文化建设明显不足。

仍以热播的"清官剧"为例,正如有学者所看到的那样,这些大众法律文化作品"尽管包含老百姓渴求清官为政的美好愿望,但从建设法治国家的目标来看,这还是千百年来'人治'传统根深蒂固的反映,还是一种法律文化污垢"[①]。

我们认为,当下中国大众法律文化之所以会出现"法治"核心价值彰显不足的情况既有主观原因亦有客观原因。

首先,从主观方面来说,"法治"核心价值彰显不足与主导法律文化在法治问题上的模糊态度存在关联。正如本书第二章所讨论的那样,在法律文化领域,法律文化的意识形态引领是以主导法律文化形态存在为前提的,法律文化不能脱离主导法律文化的控制,其必须接受主导法律文化的评价与审视。然而,在很长的一段时间内,中国的主导法律文化是模糊的,这其中不仅包含着"阶级斗争"和"权利本位"之争,更包含了社会主义和法治的关系

---

① 龙思岱:《"包青天情结"评析》,载《政治与法律》1998年第3期。

之争——正是这种模糊性直接导致大众法律文化的价值引领缺少明确的判断标准和依据,特别是割裂了法治对于大众法律文化建设的特殊意义和要求。

其次,从客观原因而言,中国本土大众法律文化起步晚,发展不成熟,直接影响了"法治"的彰显。必须承认,法治核心价值与大众文化娱乐性、商业性之间并不完全一致,二者存在着明显的矛盾和张力——这种矛盾和张力在一定时间段内必须得到有效缓解,否则法治核心价值的彰显无从谈起。就西方而言,与西方大众文化整体发展相一致,西方的大众法律文化已形成发展了一百多年,无论是商业包装还是意识形态渗透都已相对成熟,已经有了一套较为成熟的将资本主义法治观注入大众文化和大众法律文化的策略与方法,并取得良好效果。而当下中国的大众法律文化则兴起于20世纪80年代,至今还不到四十年,大众法律文化发展并不成熟①。

2. 大众法律文化特色仍不够突出

如上所说,中国的大众法律文化必须形成自己的特色,而这种特色形成又主要依赖于对传统法律文化资源的转化和吸收。必须看到,"历史上不同文明、民族或国家都有其法律文化,例如中国传统法律文化、西方传统法

---

① 譬如,有学者在对近年来中国法律电影的发展进行分析总结后指出,"中国电影工业还没有形成在法律领域中寻找核心主题的自觉,电影界在整体上欠缺足够的成熟来捕捉和把握转型时期的中国社会在法律领域里所面对的主要问题,以及能够反映这些问题的银幕形象"。参见车浩:《中国法律电影的十年反思》,载《人民法院报》2008-01-05。

律文化、印度传统法律文化以及伊斯兰传统法律文化等"①,现代法律文化必与传统法律文化紧密相联,惟有如此,现代法律文化才能真正有"根",并枝繁叶茂地成长起来。

就现实而言,我们认为,虽然中国当下的大众法律文化已经呈现出与西方大众法律文化不同的方面,同时,在吸收传统法律文化资源方面亦取得一定成绩,然而,在整体上却又呈现出吸收转化不足的状态——这种状态的出现固然有商业方面的原因,但从法治建设角度来说,能否从中国传统法律文化中找寻到与现代法治相契的资源型要素才是首先需要回答和解决的问题。

毋庸置疑,虽然对中国传统法律文化的特征有着多样的归纳,然而就观念和精神层面而言,人们对中国传统法律文化范畴的界定却具有较为一致的意见,中国传统法律文化主要是指封建社会的法律文化,其埋藏在中国传统社会的生产关系之中,植根于中国深厚的儒家文化的土壤之中,其主流文化是儒家文化所推崇的"以维护君权和族权为特征的总体精神"②以及相伴随的义务本位、等级维护、德主刑辅、重刑轻民等一系列观念认识,其内在逻辑诚如武树臣教授在很多年前所指出的那样,"法律文化传统不外是一般文化传统在法律实践领域的特殊表

---

① 高鸿钧:《法律文化的语义、语境及其中国问题》,载《中国法学》2007年第4期。
② 武树臣:《中国传统法律文化的社会成因》,载《学习与探索》1992年第2期。

现而已。但是,这种描述必须通过法律实践活动的种种成果,比如法律思想、法律规范、法律设施、法律艺术(立法、司法和法律文献管理艺术)等,来探讨潜存于这些成果背后的价值基础,以及该价值基础被社会化的基本程序和方法。"①正因为如此,长期以来,无论国内还是国外学者都对中国传统法律文化持一种否定态度。譬如,在韦伯看来,传统中国与近代西方在物质条件上并没有重大差别,但在精神条件上却大异其趣——与基督教新教相比,儒家的价值体系缺乏资本主义发展的有力动因,正因为如此,近代中国没有发展出资本主义;而批判法学代表人物昂格尔则认为,近代中国之所以没有产生出法治精神的一个重要原因在于缺少自然法理论及超越性的宗教(另一个原因是所谓集团的多元主义缺失)。

正是在上述理论的支撑下,以儒家文化为代表的中国传统法律文化在逻辑上构成了现代法治的阻却因素,中国传统法律文化"只能产生出'道法自然'的观念,而不能产生出自然法的观念;只能产生出侍奉权力的律令,而不能产生控制权力的法体系"②,人治构成了"传统中国法的基本精神"③。

然而,越是面对这样的声音,我们越需要冷静思考——至少,在面对中国传统法律文化时,有两点事实需

---

① 武树臣:《比较法律文化研究的对象与方法》,载《中外法学》1992 年第 1 期。
② 季卫东:《法律秩序的建构》,商务印书馆 2014 年版,第 400 页。
③ 张中秋:《中西法律文化比较研究》,南京大学出版社 1999 年版,第 275 页。

要引起我们更多注意：

（1）中国传统法律文化的多样性。虽然"儒家文化思想在中国演续时间最长、影响最大、最久远，而且它的价值取向在中华民族的生活中占有主导地位"①，然而，这并不意味着我们可以忽视甚至否认其他文化样态，"恰恰相反，儒家文化在历史演续中不仅融合了各民族的文化，也吸收了其他文化思想，如儒、道、佛有时相互鼎立，有时互为一体"②。正因为如此，我们可以认为，传统法律文化留给我们的法律文化资源是丰富和多样的。譬如法家，"其核心思想是主张顺应历史的发展，'以法治国'……法家法治理论对春秋战国的社会变革、对中国古代法律体系的形成发展都起到过经济的促进作用"③。

（2）儒家文化中"法治"因素的找寻。实际上，即使抛开其他法律文化资源，从正统儒家法律文化中同样可以找寻到接近于当下法治的"思想火花"，在这方面，近代"新儒家"多有讨论。譬如，姚中秋提出西汉"刘氏皇室接受儒家，不是他们在主动利用儒家，反倒是儒家借助文化、社会的力量试图控制专制皇帝的系统的宪政主义努力，并且取得了一定程度的成功"④；"董仲舒倡导之独尊儒术的'大一统'，不是旨在建立文化、学术专制制度，而

---

① 司马云杰：《文化价值论》，安徽教育出版社2011年版，第225页。
② 司马云杰：《文化价值论》，安徽教育出版社2011年版，第225—226页。
③ 马小红：《中国古代法律思想史》，法律出版社2004年版，第105页。
④ 姚中秋：《儒家宪政主义传统》，中国政法大学出版社2013年版，第25页。

是他所设想的以天限制专断的皇权的宪政安排的必要条件"①。除此之外,新儒家的讨论还涉及"春秋决狱"与西方自然法思想的比较、孟子"定于一"的天下秩序所隐含的"制度竞争"思想等诸多方面的内容。

我们认为,上述观点未必完全准确(特别是新儒家的观点十分值得商榷),论证也未必充分,然而,上述讨论至少提醒我们注意一个事实,在当下大众法律文化建设过程中,传统法律文化资源必须引起我们高度重视,在很大程度上,我们有理由确信,相比将传统法律文化资源局限在儒家法律文化的一般态度,更大范围内、更多视角下观察、分析传统法律文化资源,将极大提升大众法律文化在吸收、转化传统法律资源时的选择面和可能性。同时,就儒家传统法律文化而言,其与中国法也并不是两个等同的概念。我们固然难以否认传统中国法在总体上呈现出"人治"的面向,然而这种面向实际是经济、政治、文化多重作用的结果,相比较而言,传统儒家文化中所包含的内容远比单一传统中国法丰富和复杂得多——在当下中国的大众法律文化建设中,挖掘、转化传统儒家法律文化资源不仅是可欲的也是可行的。

四、未来大众法律文化建设策略

综合以上分析,我们认为,中国未来的大众法律文化建设应主要在以下三个方面展开:

---

① 姚中秋:《儒家宪政主义传统》,中国政法大学出版社2013年版,第112页。

(一)以社会主义法治文化为指导,培育大众法律文化的价值取向

如上所述,当下中国大众法律文化建设的一个突出问题在于主导法律文化的不清晰,这一情况直接导致了法治核心价值彰显不足,进而引发其他一系列问题。

我们认为,在新的世纪,上述问题已经具备了解决的条件。伴随着"社会主义法治文化"概念的提出,将"社会主义法治文化"确定为主导法律文化,通过"社会主义法治文化"培育大众法律文化的价值已成为一条重要的法律文化建设路径。

1. 作为主导法律文化的"社会主义法治文化"

一般认为,所谓法治文化就是以法治为明确价值导向的法律文化形态,社会主义法治文化则是"与中国特色社会主义相适应并由其决定的,经过5000年中华文明积淀而来的共识性的法律价值观,以及这种价值观规范化、社会化的法律制度、法治实践活动的总和"①。

应该看到,就当下中国而言,在理论和政策层面提出社会主义法治文化的概念具有必然性。正如有学者所概括的那样,"社会主义法治国家建设需要构建一种积极的'新型的'先进的法治文化,法治文化是法律文化发展的一个部分和阶段,'有法律,无法治'阶段,是法律文化发展的较低阶段,'既有法律,也有法治'阶段,是法律文化

---

① 缪蒂生:《论中国特色社会主义法治文化》,载《中共中央党校学报》2009年第4期。

发展的较高阶段"①。社会主义法治文化的确立,标志着一种区别于西方法治话语的独立法治话语体系的形成,其在很大程度上表明了社会主义和法治在文化层面的相容性。

正因为如此,我们认为,相比其他法律文化,社会主义法治文化必然成为社会主义法治建设的主导性法律文化,其直接影响、制约着当下中国包括大众法律文化在内的其他法律文化形态。

2. 培育大众法律文化的价值取向的两个关键点

(1)应着力提升大众法律文化生产者的"法治认知度"。一般来说,大众法律文化以大众法律文化作品为基础,因此,大众法律文化作品的生产是大众法律文化形成的第一步,大众法律文化生产者的法律素养也将在很大程度上影响其作品的内容,进而影响到大众法律文化本身。

正因为如此,在未来中国的大众法律文化建设中,必须努力提升大众法律文化生产者的法律素养,否则,"有

---

① 段凡:《中国特色社会主义法治文化研究》,载《科学社会主义》2014年第4期。李林先生认为,法治文化与法律文化是有着显著区别的两个概念,"'法治文化'与'法律文化'两者间最主要的区别,就在于法治文化具有显著的否定人治、倡导民主、保障人权、制约权力、维护自由平等的价值特征;而法律文化则是一个并无明显价值判断的中性概念。人类社会有法律就有法律文化现象,它只是表明了法律文化与道德文化、习俗文化等其他规范性文化现象的不同,而既不必然地表达出与人治文化、专制文化等现象的本质区别,也不必然地表达出与人权文化、平等理念、法治原则、分权制衡等价值的内在联系。"参见李林:《中国语境下的文化与法治文化概念》,载《新视野》2012年第3期。

的文学艺术工作者,由于对法律不懂或知之甚少,在其作品中出现了与法律精神相违背的内容。这种现象在文学作品、新闻报道、采访记、电影、电视剧、广播等中也是不少的……带来的社会效果是不良的"①。

我们认为,在提升大众法律文化生产者法律素养的过程中,应将提升大众法律文化生产者的"法治认同度"放在首位,而提升"法治认同度"首先又在于提升"法治认知度"。

认知心理学告诉我们,认知核心在于选择和过程,认同的形成是个体认知选择的必然结果。就法治认同而言,没有法治认知就没有法治认同,法治认知是法治认同的前提和基础,"法治认同需要公众在社会交往和实践中形成对法治理性化的情境认知,并把这种情境化的理性认知内化为自身的理性选择和理性行动,从而形成对法治的理解、授受、支持与服从,进而造就'法治信仰'与'法治文化'"②。

(2)应特别注意遏制大众法律文化的自由主义倾向。如上所言,社会主义法治文化本质上是一种区别于西方法治文化的、独立的法治话语体系,其在总体上与中国特色社会主义相适应,在价值观层面则表现为集体主义的优先性。而西方法治文化的内核则是自由主义,"资本主

---

① 刘作翔:《法律文化理论》,商务印书馆2004年版,第188页。
② 尹奎杰:《法治认同培育的理性逻辑》,载《北方法学》2016年第3期。

义法治的兴起建立在自由主义传统之上"①,"自由主义法律哲学一个至关重要的要素就是这样的原则:每一个社会都应该依据法治运作,它对法治的信奉起源于世纪现代自由主义的诞生"②。

  正因为存在这样的差别,我们认为,在以社会主义法治文化为引导,建设大众法律文化进程中,必须高度关注法治话语差异,积极为社会主义法治文化创造话语空间。一方面,我们决不能用自由主义及其所包含的个人主义方法论看待和评判中国的社会主义法治,要警惕支撑西方法治的自由主义话语借法治之"壳",对中国大众法律文化进行侵蚀,继而干扰社会主义法治建设。另一方面,我们更要看到,由于大众法律文化的商业性和娱乐性,大众法律文化本身的确容易成为自由主义价值观的栖身之所,"自由主义法治理论所讲述的这一神圣而动人的法治故事在感动过无数西方民众后"③很有可能又成为影响当代中国人的隐蔽武器。

(二)以社会主义法治实践为支撑,丰富大众法律文化的内容与形式

  如上所说,当下中国大众法律文化的繁荣在相当程度上是以法治核心价值彰显不足为代价而获得的,那么,

---

① 顾培东:《当代中国法治话语体系的构建》,载《中国法学》2012年第3期。
② [美]安德鲁·奥尔特曼:《批判法学——一个自由主义的批评》,信春鹰、杨晓峰译,中国政法大学出版社2009年版,第5页。
③ 顾培东:《当代中国法治话语体系的构建》,载《中国法学》2012年第3期。

我们必须追问,在大众法律文化价值日趋清晰,主导价值逐渐提升的背景下,保持大众法律文化的繁荣的方法是什么呢?又或者,中国的大众法律文化生产者是否能够创造出既体现主导价值诉求,又能占有市场的"文化商品",并最终实现"寓教于乐"的文化功能?

我们认为,若要解决这一难题,关键在于以社会主义法治实践为支撑,丰富大众法律文化的内容与形式,其内在的逻辑正如习近平总书记深刻论述的那样,"文艺创作方法有一百条、一千条,但最根本、最关键、最牢靠的办法是扎根人民、扎根生活"①。

1. 应将生机勃勃的社会主义法治实践看作大众法律文化繁荣的基础

必须看到,社会主义法治实践绝不是理论的附属品,恰恰相反,"如果说实践是认识发展的动力,那么法治实践则是法治理论发展的动力"②。一方面,与枯燥的理论相比,当下中国社会主义法治实践是多层面、多层次和充满细节的,其不仅涵盖了从立法、司法到法治教育的各个领域,而且还有"地方性知识"的参与,形成所谓"区域法治"的特征。譬如,从本世纪开始,全国大多数省(自治区、直辖市)相继出台了推动地方法治建设的"决定""规划""纲要"或"意见",并在国家法制统一的大框架下进行了大量具有鲜明地方特色的实践探索,"法治

---

① 习近平:《在文艺工作座谈会上的讲话》,载《人民日报》2015-10-15。
② 龚廷泰:《论中国特色社会主义法治理论发展的法治实践动力系统》,载《法治与社会发展》2015年第5期。

江苏""法治浙江""法治广东""法治湖南"等已经成为全国范围内的热门话语,地方法治作为地方发展战略的重要组成部分,正逐渐成为我国法治建设乃至国家建设的重要"试验田"。

另一方面,随着法治的扩展,法律和各种法律现象本身也具有了更多的"面相"。法律不再仅仅表现出刚性与权威的一面,同时也表现出柔性、有限性、争议性甚至趣味性的一面。法律和法律现象常常成为舆论关注的焦点、百姓日常讨论的话题——这种关切无疑为大众法律文化生产和繁荣创造了巨大空间,构成了大众法律文化生产和繁荣的源流活水。

2. 应贴近人民大众的法治实践进行大众法律文化作品创作

毋庸置疑,社会主义法治的发展并不会直接转化为大众法律文化的繁荣,二者之间的桥梁是大众法律文化作品的创作——惟有大众法律文化作品的生产者创作出更多更好的、与人民大众法治实践相关联,让人民大众"喜闻乐见"的大众法律文化作品,当下中国的大众法律文化才能获得真正的繁荣。

然而,就现实而言,我们看到当下很多大众法律文化作品创作并没有真正贴近人民大众:一些创作者或者固守传统的权威模式和说教灌输,以一种"送法下乡"或自上而下"宣传式"的心态进行作品创作,或者脱离百姓的日常生活场景,虚构一些经不起推敲和时间检验的"口水作品"。

正因为如此,我们认为,在当下中国大众法律文化建设过程中,必须从源头上对大众法律文化作品的创作提出要求:一方面,必须要求大众法律文化作品的创作者真正接触、了解、熟悉社会主义法治实践的现实场景,时刻关照人民大众在社会主义法律实践中的所思、所想,真实描述他们的行为、语言,不能"闭门造车";另一方面,提倡创作视角、表现方式、叙述和创作心态上的"平民意识",提倡创作者学会将法律话语转化为生活话语,努力展示社会主义法治实践的趣味性、多彩性和细节性,将社会主义法治实践与普通百姓的生活世界真正联系起来。

3. 应积极回应社会主义法治发展诉求

贴近并不意味着迎合,"作为社会生活和社会实践的人民大众,由于每个人生活境遇不同、所处社会地位的不同,以及由于受到各种社会现实、各种价值观的影响不同,因而与理想的价值观的要求总会存在着这样那样的距离"①,然而大众法律文化既无可能也不应该为了市场占有率,迎合这些不同的价值观与诉求。相反,为了有效发挥大众法律文化功能,未来大众法律文化建设应主动回应社会主义法治发展诉求,运用文化的力量整合不同的价值观和诉求,使大众法律文化成为"一个有生机的法律文化系统"。

具体来说,我们认为,大众法律文化在生产和传播的过程中,应特别注意收集和倾听立法者、司法者、政

---

① 龚群:《社会主义核心价值体系重大关系研究》,北京师范大学出版社2012年版,第231页。

府、民众的不同声音,将这些不同声音的共同点、差异性乃至矛盾以作品的语言呈现出来,不回避不掩盖,而大众法律文化自身须"有足够的弹性对不同环境、不同文化进行调适"①。

实际上,在这一方面,国外的一些大众法律文化作品为我们作出了有益的示范。譬如,由拜伦·霍华德、里奇·摩尔和杰拉德·布什执导,迪士尼的第55部动画大片《疯狂动物城》就是一个典型例子。《疯狂动物城》是一部典型的大众法律文化作品,2016年3月,该片在中国内地与北美同步上映,在票房和口碑上获得了巨大的成功。上映的45天来一路逆袭,票房累计达15.3亿元,成为中国国内市场第一部问鼎单月票房冠军的动画电影。电影在北美名气影评网站"烂番茄"上获得超过98%的好评率,在俄罗斯也创下电影史上票房第二名的好成绩。②

这样一部影片为什么能获得如此好评,其取胜的策略是什么?我们认为,这部影片成功的一个重要方面在于其对现实问题的关照,特别是对"主体差异性"的关照。该片通过讲述主人公兔子朱迪通过自身的努力,成为疯狂动物城中最优秀的警官的故事,对观众进行了"一场多元文化世界中的公民教育"③,在这样一个过程中,"电影

---

① 张文显:《法哲学范畴研究》,中国政法大学出版社2001年版,第253页。同时提出"调试的内容和方式"包括三个方面。
② 随着《疯狂动物城》的热映,中国网友还给该影片配了宜昌话、黄冈话、上海话、济南话等不同方言版本,并在网上疯狂传播。
③ 孟梅艳:《一场多元文化世界中的公民教育——电影〈疯狂动物城〉的现实启示》,载《当代电视广播》2016年第10期。

媒介选择性地呈现社会事件或者问题,通过夸张和对比的手法引发受众和社会的关注,进而起到议程设置的功能。"①其最终效果在于"可能没有成功地告诉我们该如何想",但"它能成功地告诉我们该想些什么"②。

(三)以"秩序""正义"为契合点,转化传统法律文化资源,形成大众法律文化特色

如上所言,如何立足传统法律文化资源形成中国大众法律文化特色是当下中国大众法律文化建设需要认真面对的一个问题。我们认为,在这个问题上,有两个标准必须坚持:(1)当下中国的大众法律文化所吸纳的传统法律文化资源一定是适应于主导法律文化(社会主义法治文化)的文化资源;(2)传统法律文化资源并不需要(也无可能)对社会主义法治文化进行整体支撑,惟在某些方面与现代法治之间存在联系并具有"创造性转化"的可能性即可。

依据这样两条标准,我们认为,可以将"秩序"与"公平正义"作为连接传统法律文化与现代大众法律文化的主要契合点。虽然社会主义法治文化是一个包含多种价值诉求的法律系统,然而,在这些价值诉求中,"秩序"与"公平正义"是最容易从传统法律文化中寻求到资源的部分。

---

① 孟梅艳:《一场多元文化世界中的公民教育——电影〈疯狂动物城〉的现实启示》,载《当代电视广播》2016年第10期。
② [美]塞伦·麦克莱:《传媒社会学》,曾静平译,中国传媒大学出版社2005年版,第15页。

1. "秩序"和"公平正义"是社会主义法治文化的重要方面

作为当代中国大众法律文化的主导文化,社会主义法治文化对秩序和公平正义的追求是毋庸置疑的。就"秩序"而言,其构成众多法价值的基础价值,"一种法律或法律制度可能并不追求所有的法价值,但它却不能不追求秩序"①。在社会主义条件下,良好的法律秩序既是法治的基本目标,又是社会安定团结、保证中国特色社会主义现代化建设顺利进行的基本前提。就公平正义来说,法治与公平正义关系密切,"法的实现,从某种意义上说就是法所体现的正义的实现"②。在现代法治国家,虽然人们对公平正义有不同的认识和要求,然而,法律应该追求公平正义却是一个基本共识,正因为如此,社会主义法治理念将公平正义作为基本要求,"建设社会主义法治国家,其终极目标在于公平正义,其现实道路在于保障和发展人权,其途径在于科学发展和构建和谐社会"③。

2. 中国的传统法律文化同样重视"秩序"与"公平正义"

中国传统法律文化对秩序和公平正义的诉求是明显且持续的,有着坚实的群体心理基础。

就秩序而言,在古代中国,传统法律文化与道德教化和礼治文化相结合,高度关注国家统一、政治稳定、社会

---

① 吕世伦、文正邦:《法哲学论》,中国人民大学出版社 1999 年版,第 572 页。
② 吕世伦、文正邦:《法哲学论》,中国人民大学出版社 1999 年版,第 493 页。
③ 徐显明:《公平正义:当代社会主义法治的价值追求》,载《法学家》2006 年第 5 期。

有序。"秩序是自然经济条件下法律文化的终极价值取向"①,"中国传统法律文化以秩序为最基本价值取向,其历史意义是显而易见的,这就是中国传统法律秩序的形成,对于国家的安定和整个社会秩序的维持起到了至关重要的作用"②。

就公平正义而言,中国自古就有"不患寡而患不均"的思想传统。民众对社会不公深恶痛绝,历史上每一次民众的揭竿而起,也大都起因于社会的极端不公。关于此点,正如有学者所概括的那样,虽然正义一词在汉语中出现并不是十分久远,但是"中国人的正义意识却很早就已相当发达。这不仅表现在中国人很早就以'直''公''正'等概念来表达今日正义一词的内涵,而且中国人很早就发明了'义'这一重要词汇,并进而在春秋时期先以儒、墨,后以儒、法为对立两极,展开了数千年的义理大争论"③,"重义轻利"最终成为一种传统文化的基本价值取向。

当然,契合点只是契合点,承认社会主义法治文化和传统法律文化都追求"秩序"和"公平正义",并不意味着二者内涵完全相同,更不意味着可以将传统法律文化中的"秩序"和"公平正义"直接移植当下,恰恰相反,由于传

---

① 吕世伦、文正邦:《法哲学论》,中国人民大学出版社1999年版,第575页。
② 吕世伦、文正邦:《法哲学论》,中国人民大学出版社1999年版,第577页。
③ 吕世伦、文正邦:《法哲学论》,中国人民大学出版社1999年版,第464页。

统法律的文化的"秩序"和"公平正义"都存在与现代法治精神相违背的部分,因此它们并不能也不应该直接呈现在当代中国的大众法律文化中。

1. 传统法律文化的"实体正义"观与社会主义法治文化中的"程序正义"观

一般认为,中国传统法律文化中的公平正义"主要是实体裁判的正确和公正问题,而忽略了法律程序和司法裁判过程的正当性问题"①。相比较而言,法治文化更倾向于追求"程序公正",美国著名大法官威廉姆斯·道格拉斯有一句堪称经典的名言:"正是程序决定了法治与恣意的人治之间的基本区别"②。社会主义法治文化同样将程序公正摆在重要位置,正如张文显先生所指出的那样,"在某种意义上说,法治就是程序之治,依法办事就是依照程序办事"③,而"在观念上,强调程序独立价值的程序本位论取代了传统的程序工具论,毒树之果不得采、违反法定程序无效等理念成为学界和实务界的共识"④。

2. 传统法律文化的"等级秩序"观与社会主义文化中的"平等秩序"观

一般认为,中国传统法律文化秩序追求的是与礼治文化相结合,以"正名"和"定分"为手段,以严格的等级划

---

① 陈瑞华:《看得见的正义》,北京大学出版社2013年版,第31页。
② Opinion of Justice William O. Douglas im Joint Anti-Fascist Refugee Committee v. McGrath, 341 U. S. 179(1951).
③ 张文显:《法治的文化内涵》,载《吉林大学社会科学学报》2015年第7期。
④ 江必新:《试论社会主义法治的几个新命题》,载《中国法学》2010年第4期。

分为基础而形成的秩序观,"儒家将正名上升到伦理政治高度,法家代表人物韩非也宣称:'臣事君、子事父、妻事夫,三者顺则天下治,三者逆则天下乱,此天之常道也',这一思想被历代思想家所接受"①。而建立在社会主义市场经济基础之上的社会主义法治文化则恪守"平等秩序"观念,追求一种动态的秩序。

正是基于上述考虑,我们认为,"秩序"和"公平正义"固然应该成为传统法律文化资源转化为现代大众法律文化内容的"契合点",然而,这一转化必须建立在仔细的辨识和改造的基础上——在这方面,我们还有许多不足之处,譬如,忽视程序正义的观念在当下的大众法律文化作品中仍然广泛存在。对此,陈瑞华教授曾专门讨论:在对一部名为《法庭内外》的国产电影的评价中,陈瑞华指出女法官亲手判处自己恩人的儿子死刑,以显示其维护法制尊严的决心和勇气的内容是直接违背"不做自己案件法官"的程序正义原则的,而"类似镜头还时常出现在电影和电视屏幕上"②。

当然,一些积极的变化也在显现。譬如,学者桑波在对热播剧《包青天》分析后发现,"《包青天》一剧的改编,最难能可贵,也许是更能吸引人之处在于编剧者巧妙地将旧小说那些荒诞不经、封建迷信的糟粕,大刀阔斧地删除,保留精华,重新以现代的观点、情理、法律加以润饰包

---

① 吕世伦、文正邦:《法哲学论》,中国人民大学出版社1999年版,第576页。
② 陈瑞华:《看得见的正义》,北京大学出版社2013年版,第31页。

装,使剧情更加接近现代意识、宏观大度、浸染民主思想和法律意识,容易为现代青少年所接受。例如,包公在审案时,已极少用刑逼供,只有在证据已全面掌握,被告人狡猾抵赖、拒不供认的情况下,才偶尔用一下杖刑,迫使罪犯供认。但在《包公奇案》等旧小说中,包公动不动先将犯人打30大板再行审问,这是当时封建法制使然"①。"除了减少或干脆不用刑讯逼供以外,《包青天》一剧的判案程序主要是靠收集确凿的证据以及依照法理和逻辑查出真凶重犯,这跟'以事实为根据,以法律为准绳'的现代审判方式是不谋而合的,这也是为现代观众所喜见乐闻的。这个公案剧集之配合时代的脉搏、贯彻个人的思想意识、演绎现代的律令理念,使收看的观众不能不结合现实生活来思考和评断"②。

正因为有以上的成功先例,我们有理由相信,在当代中国大众法律文化建设过程中,以"秩序"和"公平正义"为契合点,转换、继承传统法律文化资源不仅是应该的也是可能的,也许,这样一种认识也是文化自信的体现吧。

---

① 桑波:《〈包青天〉颠倒香港众生》,载《电影评介》1994年第1期。
② 桑波:《〈包青天〉颠倒香港众生》,载《电影评介》1994年第1期。

参考文献

(一)经典著作及文献

[1]《马克思恩格斯选集》(第1—4卷),人民出版社,1995年。

[2]《十二大以来重要文献选编》(上册),人民出版社,1986年。

[3]《邓小平文选》(第3卷),人民出版社,1993年版。

[3]《习近平谈治国理政》,外文出版社,2015年。

(二)英文文献

[1] Asimow, Michale, "Bad lawyers in the movies", Nova Law Review 24, 2000.

[2] Machura, Stefan , "Law in film: Globalizing the Hollywood courtroom dram," Journal of Law and Society 28, 2001.

[3] Yngvesson, Barbara, "Inventing law in Local settings: Rethinking popular legal culture," Yale Law Journal 98, 1989.

[4] Dominic Strinati, An Introduction to Theories of Popular Culture . London: Routledge, 1995.

(三)国外学者著作

[1][美]丹尼斯·帕特森:《布莱克维尔法哲学和法律理论指南》,魏双娟译,上海人民出版社,2013年。

[2][英]约翰·斯道雷:《文化理论与通俗文化导论》,杨竹山等译,南京大学出版社,1991年。

[3][美]塞缪尔·亨廷顿、劳伦斯·哈里森:《文化的重要作用——价值观影响人类进步》,程克雄译,新华出版社,2010年。

[4][美]约瑟夫·塔洛:《今日传媒——大众传播学导论》,华夏出版社,2011年。

[5][美]约翰·费斯克:《理解大众文化》,王晓珏、宋伟杰译,中央编译出版社,2001年。

[6][美]劳伦斯·M.弗里德曼:《法律制度——从社会科学角度观察》,李琼英、林欣译,中国政法大学出版社,2004年。

[7][加拿大]马歇尔·麦克卢汉:《理解媒介——论人的延伸》,何道宽译,商务印书馆,2000年。

[8][意]D.奈尔肯、[英]J.菲斯特编:《法律移植与法律文化》,高鸿钧等译,清华大学出版社,2006年。

[9][美]莱因哈特·本迪克斯:《马克斯·韦伯思想肖像》,刘北成等译,上海世纪出版集团,2007年。

[10][德]韦伯:《社会学的基本概念》,顾忠华译,广西师范大学出版社,2005年。

[11][美]保罗·伯格曼等:《影像中的正义——从电影故事看美国法律文化》,朱靖江译,海南出版社,2003年。

[12][美]弗里德曼:《选择的共和国》,高鸿钧等译,清华大学出版社,2005年。

[13][英]M.J.C 维尔:《宪政与分权》,苏力译,生活·读书·新知三联书店,1997年。

[14][英]戴维·M.沃克:《牛津法律大辞典》,邓正来译,光明日报出版社,1988年。

[15][英]雷蒙·威廉斯:《马克思主义与文学》,王尔勃、周莉译,河南大学出版社,2008年。

[16][荷兰]丹尼斯·麦奎尔:《麦奎尔大众传播理论》,崔保国、李琨译,清华大学出版社,2010年。

[17][美]亚历克斯·蒂奥:《大众社会学》,从霞译,人民邮电出版社,2012年。

[18][法]孟德斯鸠:《论法的精神》(上),张雁深译,商务印书馆,1961年。

[19][法]让—马克·夸克:《合法性与政治》,佟心平译,中央编译出版社,2002年。

[20][英]P.S.阿蒂亚:《法律与现代社会》,范悦等译,辽宁教育出版社,1998年。

[21][法]托克维尔:《论美国的民主》(上),董果良译,商务印书馆,1997年。

[22][美]理查德·波斯纳:《法律、实用主义与民主》,凌斌、李国庆译,中国政法大学出版社,2005年。

[23][美]理查德·波斯纳:《法官如何思考》,苏力译,北京大学出版社,2009年。

[24][英]戴维·赫尔德:《民主的模式》,燕继荣等译,中央编译出版社,2004年。

[25][德]托马斯·莱塞尔:《法社会学导论》,高旭军译,上海人民出版社,2011年。

[26][美]戴维·波普诺:《社会学》(第十版),李强等译,中国人民大学出版社,1999年。

[27][美]安德鲁,奥尔特曼:《批判法学——一个自由主义的批评》,信春鹰、杨晓峰译,中国政法大学出版社,2009年。

(四)中文著作

[1] 傅泽:《文化想像与人文批评》,中国传媒大学出版社,2007年。

[2] 刘作翔:《法律文化理论》,商务印书馆,2004年。

[3] 陶东风:《大众文化教程》,广西师范大学出版社,2011年。

[4] 王一川:《大众文化导论》,高等教育出版社,2004年。

[5] 李其荣:《美国文化解读》,济南出版社,2005年。

[6] 金民卿:《文化全球化与中国大众文化》,人民出版社,2004年。

[7] 叶虎:《大众文化与媒介传播》,学林出版社,2008年。

[8] 陆杨、王毅:《文化研究导论》,复旦大学出版社,2009年。

[9] 张万洪、程骞:《缤纷法影:美国电影中的法律》,法律出版社,2012年。

[10] 李交发:《法律文化散论》,人民法院出版社,2004年。

[11] 郑保章:《大众传媒时代媒介歧视问题研究》,人民出版社,2011年。

[12] 葛洪义:《法律与理性——法的现代性问题解读》,法律出版社,2001年。

[13] 刘徐州:《法律传播学》,湖南人民出版社,2010年。

[14] 田成有:《法律社会学的学理与运用》,中国检察出版社,2002年。

[15] 朱景文:《比较法社会学的框架和方法——法制化、本土化和全球化》,中国人民大学出版社,2001年。

[16] 梁治平:《法律史的视界》,广西师范大学出版社,2013年。

[17] 钱弘道:《中国法学向何处去》,法律出版社,2003年。

[18] 公丕祥:《法制现代化的理论逻辑》,中国政法大学出版社,1999年。

[19] 陈晓枫:《中国法律文化研究》,河南人民出版社,1993年。

[20] 公丕祥:《当代中国的司法改革》,法律出版社,2012年。

[21] 何勤华、李秀清:《外国法与中国法》,中国政法大学出版社,2003年。

[22] 张晋藩:《中国法律的传统与近代转型》,中国政法大学出版社,2005年。

[23] 蔡定剑:《历史与变革》,中国政法大学出版社,1999年。

[24] 汪全胜:《立法后评估研究》,人民出版社,2012年。

[25] 高其才:《政治司法》,法律出版社,2009年。

[26] 李立丰:《司法民主与刑罚适用》,中国政法大学出版社,2015年。

[27] 怀效锋:《法官行为与职业伦理》,法律出版社,2006年。

[28] 雷跃捷编:《大众传播与媒介批评》,中国传媒大学出版社,2010年。

[29] 杨仁寿:《法学方法论》,中国政法大学出版社,2013年。

[30] 孙谦、郑成良:《中国的检察院、法院改革》,法律出版社,2005年。

[31] 付轶男:《美国现代化进程中的公民教育与道德教育关系》,东北师范大学出版社,2015年。

[32] 张耀灿:《现代思想政治教育学》,人民出版社,2006年。

[33] 王人博:《中国法制现代化的历史》,知识产权出版社,2010年。

[34] 叶传星:《转型社会中的法律治理——当代中国法治进程的理论检讨》,法律出版社,2012年。

[35] 俞吾金:《意识形态论》,人民出版社,2009年。

[36] 司马云杰:《文化价值论》,安徽教育出版社,2011年。

[37] 龚群:《社会主义核心价值体系重大关系研究》,北京师范大学出版社,2012年。

[38] 汤唯:《当代中国法律文化本土资源的法理透视》,人民出版社,2010年。

[39] 季卫东:《法律秩序的建构》,商务印书馆,2014年。

[40] 张中秋:《中西法律文化比较研究》,南京大学出版社,1999年。

[41] 姚中秋:《儒家宪政主义传统》,中国政法大学出版社,2013年。

[42] 张文显:《法哲学范畴研究》,中国政法大学出版社,2001年。

[43] 吕世伦、文正邦:《法哲学论》,中国人民大学出版社,1999年。

[44] 陈瑞华:《看得见的正义》,北京大学出版社,2013年。

(五)期刊文献

[1] [美]劳伦斯·M.弗里德曼:《法律、法律家和大众文化》,刘忠慈译,载《法学译丛》1990年第2期。

[2] 舒国滢:《大众化与法治化:一个文化哲学的解释》,载《政法论坛》1998年第3期。

[3] 王晓广:《法治文化大众化制约因素分析》,载《理论前沿》2009年第14期。

[4] 陈雪平:《植根民意立法,配置民主立法》,载《当代世界与社会主义》2007年第1期。

[5] 万毅、林喜芬:《精英意识与大众诉求:中国司法改革的精神危机及其消解》,载《政治与法律》2004年第2期。

[6] [美]李·S.温伯格、朱迪思·W.温伯格:《论美国的法律文化》,潘汉典译,载《环球法律评论》1985年第1期。

[7] 武树臣:《比较法律文化研究的对象与方法》,载《中外法学》1992年第1期。

[8] 张伟:《消费语境下大众文化的生成与发展》,载《学术界》2010年第7期。

[9] 张贞:《西方大众文化理论反思》,载《思想战线》2005年第2期。

[10] 赵文荟:《大众文化和大众传播的崛起——当代意识形态面临的特殊文化景观》,载《南京社会科学》2009年第8期。

[11] 惠敏:《当代美国大众文化的历史缘起》,载《山东师范大学学报(人文社科版)》2009年第2期。

[12] 张智华:《电视剧类型特点与产生原因》,载《艺术百家》2012年第4期。

[13] 陈慧彬:《中外法制节目之比较》,载《新闻传播》2013年第11期。

[14] 张建伟:《法律题材电影大观》,载《法制资讯》2014年第5期。

[15] 章祖德:《一个解剖美国法律的人——记美国畅销书作家约翰·格里森姆》,载《出版广角》1998年第5期。

[16] 程波:《论美国大众法律文化特性在法律电影中的表达》,载《湖南商学院学报》2006年第5期。

[17]张九海、邢少花:《狂欢与静思——"泛娱乐化"情境下大众十种心态分析》,载《学习论坛》2013年第11期。

[18]赵勇:《性与暴力:从狂欢到娱乐——论西方影视的大众文化特性》,载《当代电影》2003年第3期。

[19]张德琴:《论私性话题电视节目的隐私法律问题》,载《传媒》2012年第12期。

[20]蔡宝玺:《超越文化是大众文化的一个主要特征》,载《南京社会科学》2008年第10期。

[21]冯哲:《如何避免"媒体审判"》,载《传媒》2006年第6期。

[22]郜占川:《民意对刑事司法的影响考量》,载《贵州社会科学》2010年第5期。

[23]张文显:《法律文化的释义》,载《法学研究》1992年第5期。

[24]高鸿钧:《法律文化的语义、语境及其中国问题》,载《中国法学》2007年第4期。

[25]武树臣:《中国传统法律文化的社会成因》,载《学习与探索》1992年第2期。

[26]孙光妍:《对中国传统法律文化的几点反思》,载《学习与探索》1999年第1期。

[27]周永坤:《论中国法的现代性十大困境》,载《法学》2006年第6期。

[28]苏力:《作为社会控制的文学与法律——从元杂剧切入》,载《北大法律评论》2015年第1期。

[29]喻中:《法的现代性:一个虚构的理论神话》,载《法律科学》2013年第5期。

[30]张钧:《法律多元理论及其在中国的新发展》,载《法学评论》2010年第4期。

[31] 樊硕:《法律电影视野下的美国法律文化探讨》,载《电影文学》2013年第15期。

[32] 高丙中:《精英文化、大众文化、民间文化:中国文化群体的差异及其变迁》,载《社会科学战线》1996年第2期。

[33] 施喆:《〈死亡日记〉:一个媒介事件的构建和伦理分析》,载《现代传播》2011年第2期。

[34] 刘志友:《论主导文化》,载《陕西师范大学学报》2010年第11期。

[35] 张百顺、陈洪江:《中国市场经济的发展及其当代意义》,载《前沿》2010年第11期。

[36] 赵修义:《主体觉醒和个人权利意识的增长——当代中国社会思潮的观念史考察》,载《华东师范大学学报(哲学社会科学版)》2003年第3期。

[37] 秦俊香:《从接受心理看电视剧〈大法官〉的成功》,载《当代电视》2002年第2期。

[38] 冯玉军:《法律与全球化一般理论述评》,载《中国法学》2002年第4期。

[39] 陈金钊、张其山:《法律全球化与中国诉讼法文化的构建》,载《现代法学》2003年第4期。

[40] 康有金、郅锦:《从美国电影大片看美国文化霸权》,载《电影文学》2006年第22期。

[41] 苏力:《变法、法治建设及其本土资源》,载《中外法学》1995年第5期。

[42] 童晓岚、郭德双:《简析经典法律电影对美国法律文化的影响》,载《科技创业月刊》2011年第7期。

[43] 梁良:《犯罪片经典——〈教父〉》,载《电影文学》2002第7期。

[44] 李婧、田克勤:《对中国特色社会主义法律体系形成发展特征的认识》,载《高校理论战线》2011年第11期。

[45] 尚绪芝:《论核心价值观对法律文化构建的引领》,载《法学杂志》2014年第11期。

[46] 桑波:《〈包青天〉颠倒香港众生》,载《电影评介》1994年第1期。

[47] 邱霞:《从民族集体无意识角度阐释历史文学影视中的"清官"》,载《电影文学》2009年第2期。

[48] 翟爱玲:《论新民主主义文化大众化形成发展的特殊性及其社会作用——兼论当代大众文化与新民主主义文化大众化的关系》,载《河南大学学报》2008年第1期。

[49] 李书吾:《大众文化发展与思想政治教育内容创新》,载《思想政治教育研究》2012年第11期上。

[50] 魏红梅:《试论反腐题材影视剧中的"清官意识"》,载《电影文学》2007年3期(下)。

[51] 刘红焰:《新时期中国法律题材电影的价值观流变》,载《电影评介》2014年第6期。

[52] 王一川:《公众复杂心态的影像缠绕》,载《当代电影》2003年第11期。

[53] 徐忠明:《中国传统法律文化视野中的清官司法》,载《中山大学学报》1998年第3期。

[54] 周详:《媒介对大众死刑观的塑造——中国废除死刑的路径分析》,载《法学》2004年第11期。

[55] 郝铁川:《传统思维方式对当代中国立法技术的影响》,载《中国法学》1993年第4期。

[56] 魏森:《法律帝国主义研究》,载《法商研究》2009年第3期。

[57] 郝铁川:《文化传统与当代中国立法特色的形成》,载《中国法学》1994年第4期。

[58] 曹立波、朴明珠:《法律文化行为的法理学分析》,载《东北师范大学学报(哲学社会科学版)》2008年第4期。

[59] 周军:《论地方立法的合法性》,载《人大研究》1999年12期。

[60] 王满生、陈卯轩:《法治的实现——一个法的合法性视角》,载《西南民族大学学报(人文社科版)》2005年第4期。

[61] 陈端洪:《立法的民主合法性与立法至上——中国立法批评》,载《中外法学》1998年第6期。

[62] 朱景文:《关于立法发展趋势的几个问题——一个比较研究》,载《法学杂志》2005年第6期。

[63] 邓婕:《电视剧中的媒介暴力——以电视剧〈不要和陌生人说话〉为例》,载《新闻世界》2014年第6期。

[64] 王勇:《法律移植研究与当代中国的法律现代化》,载《法制与社会发展》2008年第4期。

[65] 郝铁川:《中国法制现代化与移植西方法律》,载《法学》1993年第9期。

[66] 强世功:《迈向立法者的法理学——法律移植背景下对当代法理学的反思》,载《中国社会科学》2005年第1期。

[67] 汪习根:《化解社会矛盾的法律机制创新》,载《法学评论》2011年第2期。

[68] 苏力:《法条主义、民意与难办案件》,载《中外法学》2009年第1期。

[69] 童兵:《"民意中国"的破题——兼议民意及其特征》,《南京社会科学》2014年第3期。

[70] 刘春花:《向死而生:公众舆论影响下的死刑正义实

现》,载《理论导刊》2015年第12期。

[71]薛军:《两种市场观念与两种民法模式》,载《法治与社会发展》2008年第5期。

[72]李川:《司法中的文化冲突》,载《山东社会科学》2006年第6期。

[73]陈小洁:《情理:中国传统司法的文化基础》,载《学海》2014年第3期。

[74]李霞、李川:《自由抑或儒家社群——现代司法实践的一个基本文化问题》,载《文史哲》2004年第5期。

[75]郑辉、梁星亮:《延安时期中共法律文化建设的理论渊源探究》,载《西北政法大学学报》2015年第4期。

[76]杨心宇、李凯旋:《略论苏联法对我国法学的影响》,载《复旦大学学报》2002年第4期。

[77]方乐:《司法行为及其选择的文化注释》,载《法律科学》2007年第5期。

[78]李川:《司法中的文化冲突》,载《山东社会科学》2006年第6期。

[79]吕明:《法律意识形态的变迁——以民事诉讼中的调解为样本》,载《法律科学》2007年第5期。

[80]吕明、李岩:《司法民主的空间:必要性、可能性及限度》,载《云南社会科学》2003年第1期。

[81]孙笑侠:《公案及其背景:透视转型期司法中的民意》,载《浙江社会科学》2010年第3期。

[82]孙笑侠:《公案的民意、主题与信息对称》,载《中国法学》2010年第3期。

[84]陈柏峰:《法治热点案件讨论中的传媒角色》,载《法商研究》2011年第4期。

[85] 胡云腾、袁春湘:《转型中的司法改革与改革中的司法转型》,载《法律科学》2009年第3期。

[86] 苏力:《法官素质与法学院教育》,载《法商研究》2004年第3期。

[87] 许鹏:《法律之外——一名一线法官眼里的法官培训》,载《法律适用》2009年第2期。

[88] 李先军、张晓琪:《美国中小学法治教育的历史演进、特点及启示》,载《外国中小学教育》2015年第5期。

[89] 张晓燕:《国家治理背景下的公民身份及法治教育》,载《云南师范大学学报》2015年第5期。

[90] 张明新:《对当代中国普法活动的认识与评价》,载《江海学刊》2010年第4期。

[91] 蔡宝刚:《为权利而斗争的价值——以重庆"钉子户"事件为例的法理省思》,载《法学》2007年第6期。

[92] 周安平:《面子与法律》,载《法制与社会发展》2008年第4期。

[93] 胡疆封:《反文化、大众文化与中国当代青年亚文化》,载《新疆社会科学》2008年第1期。

[94] 方石英:《论大众文化对高校思想政治教育的挑战及对策》,载《探索》2009年第2期。

[95] 武东生:《"思想政治教育"与"公民教育"关系辨析》,载《思想理论教育导刊》2013年第4期。

[96] 余一凡:《中国共产党思想政治教育概念的发展》,载《思想政治工作》2009年第2期。

[97] 苏力:《传统司法中"人治"模式——从元杂剧中透视》,载《政法论坛》2005年第1期。

[98] 王晓广:《法治文化大众化制约因素分析——以中国

传统法律文化为视角》,载《理论前沿》2009年第14期。

[99] 蒋立山:《中国法治道路初探(上)》,载《中外法学》1998年第3期。

[100] 杜君、嵇景岩:《大众文化的意识形态功能》,载《学术交流》2015年第5期。

[101] 李国泉:《习近平文化建设思想论纲》,载《理论导刊》2016年第1期。

[102] 江宁康:《略论建构中华民族的文化主体性》,载《兰州学刊》2004年第3期。

[103] 李金齐:《文化安全释疑》,载《思想战线》2007年第3期。

[104] 李明:《当代大众文化建设问题聚焦》,载《内蒙古社会科学》2013年第3期。

[105] 龙思岱:《"包青天情结"评析》,载《政治与法律》1998年第3期。

[106] 缪蒂生:《论中国特色社会主义法治文化》,载《中共中央党校学报》2009年第4期。

[107] 段凡:《中国特色社会主义法治文化研究》,载《科学社会主义》2014年第4期。

[108] 李林:《中国语境下的文化与法治文化概念》,载《新视野》2012年第3期。

[109] 尹奎杰:《法治认同培育的理性逻辑》,载《北方法学》2016年第3期。

[110] 顾培东:《当代中国法治话语体系的构建》,载《中国法学》2012年第3期。

[111] 龚廷泰:《论中国特色社会主义法治理论发展的法治实践动力系统》,载《法治与社会发展》2015年第5期。

[112] 徐显明:《公平正义:当代社会主义法治的价值追求》,载《法学家》2006 年第 5 期。

[113] 张文显:《法治的文化内涵》,载《吉林大学社会科学学报》2015 年第 7 期。

[114] 江必新:《试论社会主义法治的几个新命题》,载《中国法学》2010 年第 4 期。

后 记

本书是安徽省高校优秀拔尖人才资助项目高校青年人才支持计划"大众法律文化兴起与社会主义法治实践相关问题研究"的最终研究成果,亦是安徽省高等教育振兴计划高校思想政治教育综合改革计划项目"吕明名师工作室"(项目编号:szzgjh1-1-2017-15)阶段性研究成果。两个课题研究持续至今已三年,其中的艰难竟超过了之前的博士论文写作。

2005年至2008年我在南京师范大学攻读博士学位,博士论文是《法律意识形态的语义和意义》,该论文是国内第一篇关于法律意识形态的论文,由于导师的悉心指导,再加上时间的充裕,实际在开题完成后,我仅用了一个暑期的时间就完成了论文的初稿。相比较而言,由于行政和教学工作繁忙再加上自己的懒惰,这本书所花费的时间就多得多。

然而本书的写作初衷却真实来源于自己的学术兴趣,早在博士论文写作期间,法律意识形态和法律文化的微妙关系就已让我着迷,使我有了进一步探索下去的学术冲动,然而在此后一段时间内,由于职称评聘的压力,使我不敢花费更多的时间在自己感兴趣但需要付出更多机会成本的专著写作上,毕竟在现有的学术评价体系下,专著的写作要比论文写作的"性价比"低得多。

2013年在完成了教授评聘的任务后,我终于觉得有资本做一些自己真正感兴趣的事了,于是才有了本书的最终成稿。

本书的完成最应该感谢我的母亲和爱人,在她们的"放纵"下,我以工作和科研为理由拒绝了各种家务,而这些家务最终由她们承担下来。也感谢女儿诺诺,三年里,陪她的时间并不多,然而她却很让我省心,听话懂事,各项功课也都不错。感谢我的研究生吴丽雯同学帮我校对书稿,感谢同事们对我的支持和帮助。

最后,要将这本书献给2012年去世的父亲,虽已别离5年,但他的音容笑貌宛在,恍惚间他老人家仍会将这本书放于案头仔细阅读,然后给予我表扬抑或批评。

吕 明

2017 年 5 月 23 日于合肥